Bernd Höcker

Erfolgreich gegen den Rundfunkbeitrag 2013

So gelingt die Flucht aus dem System

Höcker Verlag

Copyright	© Bernd Höcker Verlag
Verlagsanschrift	Bernd Höcker Verlag Lutterothstr. 54 20255 Hamburg
Druck	Druckerei Steinmeier Gewerbepark 6 86738 Deiningen
Auflage	**1. Auflage Mai 2011**
Titelfoto (Mauer)	Mit freundlicher Genehmigung von **http://de.academic.ru**
Internetadresse des Verlages	**www.gez-abschaffen.de**
ISBN	978-3-9811760-6-3

Wichtig:
Alle rechtlichen Hinweise und Interpretationen sind ohne Gewähr. Das Buch ersetzt nicht die Inanspruchnahme eines Rechtsanwaltes oder einer Rechtsanwältin

Inhalt

Hauptzweck dieses Buches 5

1 Problemfall Ungerechtigkeit 6

2 Von der Rundfunkgebühr zum Rundfunkbeitrag........................ 8

3 Die wichtigsten Kritikpunkte am neuen RBStV........................ 12
   3.1 Unklarer Begriff der „Wohnung"...................................... 13
   3.2 Ungerechte Bemessung des Beitrags bei Unternehmen 14
   3.3 Lizenz zum Schnüffeln, Überwachen und drangsalieren 15
   3.4 Weitere Kritikpunkte in Kurzform 21
   3.5 Beurteilung der Datenschutzbeauftragten 22
      3.5.1 Vorbemerkung des Arbeitskreises Medien.................................23
      3.5.2 Regelung der Datenverarbeitungsbefugnisse 23
      3.5.3 Datenerhebungsbefugnisse bei Befreiungstatbeständen 24
      3.5.4 Härtefallbestimmung...25
      3.5.5 Zugriff auf Daten Beitragspflichtiger anderer Rundfunkanstalten 25
      3.5.6 Einmaliger Meldedatenabgleich über einen Zeitraum von 2 Jahren........26
      3.5.7 Weitere Datenschutzrechtliche Problempunkte 26

4 Es geht ums Geld und nur ums Geld!................................... 28
   4.1 Wohin fließt das Geld 29
   4.2 Woher kommt das Geld? 34
      4.2.1 Die Ärmsten der Ärmsten müssen zahlen................................34
      4.2.2 Das Geld fehlt dann woanders 36
      4.2.3 Und was ist mit den Millionären?..38

5 Widerstandsrecht nach Art. 20 Abs. 4 Grundgesetz 44
   5.1 „Gegen jeden, der es untern. diese Ordnung zu beseitigen..."... 45
      5.1.1 Verstoß gegen Art. 20 Abs. 3 GG..45
      5.1.2 Verstoß gegen Art. 20 Abs. 1 GG..46
      5.1.3 Verstoß gegen Art. 33 Abs. 4 GG..46
      5.1.4 Verstoß gegen Art. 1 Abs. 1 und Art. 2 Abs. 2 GG 47
      5.1.5 Verstoß gegen Art. 5 Abs. 1 Satz 1 und Abs. 1 Satz 2 GG 48
      5.1.6 Verstoß gegen Art. 5 Abs. 1 Satz 1 GG 53
   5.2 „wenn andere Abhilfe nicht möglich ist" 54
      5.2.1 Keine Abhilfe durch den Gesetzgeber.....................................56
      5.2.2 Keine Abhilfe durch das Bundesverfassungsgericht....................57
      5.2.3 Keine Abhilfe durch die ordentlichen Gerichte 58
      5.2.4 Keine Abhilfe durch die Rundfunkanstalten selbst.....................59
      5.2.5 Keine Abhilfe durch Datenschutzbehörden und Rechtsaufsichten..........60
      5.2.6 Keine Abhilfe durch Petitionsausschüsse 60

5.2.7	Keine Abhilfe durch „Volksentscheid" faktisch möglich	61
5.2.8	Keine Abhilfe durch Polizei und Staatsanwaltschaft	62
5.2.9	Keine Abhilfe durch die privaten Medien	63
5.3	„haben alle Deutschen das Recht zum Widerstand"	64

6 Widerstand leisten - Gegenmaßnahmen ergreifen! 66

6.1	Einzugsermächtigung kündigen!	66
6.2	Nur noch mit Verrechnungsscheck bezahlen!	67
6.3	Unfreie Briefe an die GEZ senden!	68
6.4	Schrottgeräte an die Rundfunkanstalt senden!	69
6.5	Spielräume nutzen - Zahlungen verzögern!	70
6.6	Formellen Antrag auf Ratenzahlung stellen!	70
6.7	Befreiung nach Härtefallklausel beantragen!	71
6.8	Auskunftserzwingungsverfahren mitmachen!	73
6.9	Zwangsvollstreckung über sich ergehen lassen!	74
6.10	Gebührenbeauftragte wegjagen!	76
6.11	Dateneinsicht einfordern!	77
6.12	Strafanzeige erstatten!	78
6.13	Beschwerde an die Staatskanzleien!	78
6.14	Petitionsausschüsse beschäftigen!	79
6.15	Offene Emails an verschiedene Adressen!	79
6.16	Zulassung als Rundfunkveranstalter beantragen!	81
6.17	Querdenken: RfGebStV und RBStV sind nichtig!	82
6.18	Aktionskunst! - Nicht nur für Freunde von Joseph Beuys!	84
6.19	Der heutige Königsweg: Geräte abmelden!	87
6.20	Verfassungsbeschwerde einreichen!	89
6.21	Den Rechtsweg beschreiten!	93
6.22	Zensus abwimmeln!	94
6.23	Gerichtlichen Mahnbescheid versenden!	94
6.24	Die richtige Partei wählen!	96
6.25	Strategeme erkennen und anwenden!	96

7 Beginn des Widerstandes 101

Gesetzestext 102
Über den Autor 112

Hauptzweck dieses Buches...

Hauptzweck dieses Buches ist die Verhinderung oder die spätere Beseitigung des Rundfunkbeitrages 2013. Daher ist das Kapitel 6 mit seinen 25 Gegenmaßnahmen auch der wichtigste Teil. Um sich effektiv und zielgerichtet gegen etwas zu wenden, sollte man jedoch die Fakten kennen und genau wissen, worum es geht. Man muss die Eigenheiten eines Systems verstanden haben, um es zu beseitigen. Daher habe ich auch den Gesetzestext in Kapitel 3 mit Hilfe der Datenschutzbeauftragten des Bundes und der Länder analysiert und kommentiert. Wichtig ist es auch zu wissen, was Rundfunkanstalten mit dem Geld machen, das sie, wie in Kapitel 4.2 beschrieben, sogar oftmals von vollkommen verarmten Menschen eingetrieben haben. Ich finde es jedenfalls nicht unwichtig zu erfahren, dass etwa Harald Schmidt (auf Basis von Informationen der Morgenpost) soviel Geld für seine abendlichen Sprüche bekommt, wie 390 Altenpfleger/innen (s. Kapitel 4.1). Wenn man über den rechtsstaatswidrigen Charakter dieses Systems Bescheid weiß (s. Kapitel 5), kann es mit dem Widerstand losgehen! Hierfür habe ich, entsprechend der ungewöhnlichen Aufgabenstellung, auch ziemlich unkonventionelle Mittel beschrieben. Immerhin ist ja von unseren Volksvertretern beabsichtigt, dass der Rundfunkbeitrag die Flucht aus dem System unmöglich machen soll. Schauen Sie sich in Kapitel 6 die 25 Vorschläge an und überlegen Sie, welche dieser Wege für Sie gangbar ist.

Und dann handeln Sie!

1 Problemfall Ungerechtigkeit

Es gibt ein riesiges Problem bei der Bekämpfung von Ungerechtigkeiten. Dieses Problem besteht vor allem darin, dass die Auswirkung von Ungerechtigkeit fast immer nur im individuellen Rahmen zu spüren ist und somit der oder die Einzelne allein damit fertig werden muss. Die nicht betroffenen Menschen erfahren oft gar nichts davon und glauben an eine heile Welt. Viele haben vielleicht auch genug Geld, so dass bestimmte Dinge für sie keine Rolle spielen. Andere haben entweder keinen Mut und nicht die Fachkenntnis, sich einzumischen oder sie sind einfach zu sehr mit vermeintlich wichtigeren Dingen beschäftigt. So merken viele Leute zum Beispiel erst, wie ungerecht unser Rundfunksystem ist, wenn sie selbst in irgendeiner Weise betroffen sind und sich die Justitiare der Anstalten an ihnen festgebissen haben. Vorher dachten sie möglicherweise, es habe schon alles seine Richtigkeit in der Bundesrepublik Deutschland. Schließlich leben wir in einem Rechtsstaat, da kontrolliert doch eine Staatsgewalt die andere...! Gewaltenteilung nennt sich ja dieses gute Prinzip.

Doch im deutschen Rundfunkwesen ist die Sache leider anders: Den Rundfunkanstalten sind gem. Art. 19 Abs. 3 GG Grundrechte zugebilligt worden. Eigentlich sind Grundrechte Abwehrrechte der **Bürger** gegen den Staat. Nun haben die Landesrundfunkanstalten, die ja in erster Linie „Behörden" sind, Rechte, die eigentlich den „Bürgern" zustehen. Dies hat in der Vergangenheit immer mehr dazu geführt, dass sie je nach Bedarf mal als „Behörden" ihre Macht ausspielen und mal als schutzbedürftige „Bürger" Grundrechte für sich in Anspruch nehmen. Sowohl

„Das Unrecht, das einem anderen Bürger angetan wird, wird mir angetan. Ein freier Rechtsstaat ist nur dort, wo dieser Satz sich verwirklicht."

(Jaspers)

vom Gesetzgeber, als auch von den Gerichten wird dieser etwas merkwürdige Umstand immer weiter verfestigt.

Nach und nach wird Meter für Meter neues Terrain hinzu erobert. Erst war es eine Gebühr allein für das Bereithalten eines Rundfunkgerätes auch ohne Nutzung der öffentlich-rechtlichen Angebote, dann sogar noch eine Gebühr für Internet-PCs sowie -Handys und nun der Beitrag für Wohnungen, Betriebsstätten und Autos, ohne den allergeringsten Bezug auf das Medium Rundfunk. Auch der Datenschutz wird immer mehr missachtet und gesetzlich abgebaut.

Es ist ein Phänomen, wie schnell die sog. Qualitätsmedien nach Einführung der PC-Gebühr wieder zur Tagesordnung zurückgekehrt sind. Es gibt heute kaum noch Kritik dagegen, dass Internetbenutzer von ihrem Geld die Schlösser und Paläste von Thomas Gottschalk oder das 36-fache Bundeskanzlereinkommen von Harald Schmidt zu finanzieren haben. Wo bleibt in diesem Lande eigentlich die „Wächterfunktion" der freien Medien? Viele Journalisten sind wie abgetaucht, wenn es um Kritik am öffentlich-rechtlichen Rundfunk und seiner Finanzierung geht. Klar, dass sich auf diese Weise ein totalitäres System in diesem Land mehr oder weniger unbeobachtet ausbreiten kann. Was sollte die Akteure schon aufhalten?

2 Von der Rundfunkgebühr zum Rundfunkbeitrag

Nun bekommen wir also den sog. Rundfunkbeitrag, gelegentlich auch „Haushaltsabgabe" genannt, weil er sich auf

„Wohnungen" und nicht mehr auf Rundfunkgeräte bezieht. Dieser Rundfunkbeitrag ist also die Verpflichtung, die Mitarbeiter vom öffentlich-rechtlichen Fernsehen zu bezahlen, nur weil man am Leben ist und weil man eine Wohnung hat. Es war vorauszusehen, dass es soweit kommen wird, weil das, was an Gegenwehr in der Bevölkerung bisher zu beobachten war, einfach viel zu schwach daherkam. Ich höre jetzt sogar, dass Leute die neue Haushaltsabgabe verteidigen, weil ja fast jede/r heute, wenn schon kein herkömmliches Rundfunkgerät, doch mindestens ein neuartiges Rundfunkgerät - sprich Computer oder Handy - besitzt. Es wird schon gar nicht mehr hinterfragt, was solche Geräte mit Thomas Gottschalk zu tun haben! Wir alle haben nach der Vorstellung unserer Volksvertreter das feudale Leben von Gottschalk, Schmidt und Jörg Pilawa zu bezahlen. Wir sind Sklaven, die alles bezahlen müssen und nichts entscheiden dürfen. Damit dieses Land zur Demokratie zurückfindet, müssen wir alle gemeinsam Widerstand leisten und aus der Mediendiktatur fliehen.

Es ist nur die logische Folge dafür, dass die Deutschen es sich über Jahrzehnte haben gefallen lassen, nur für das „Bereithalten" von Rundfunkgeräten an ganz bestimmte Medienanbieter - nämlich die öffentlich-rechtlichen - regelmäßig einen großen Teil ihres Medien-Budgets zu zahlen, auch wenn deren (oft sehr fragwürdige) Leistung gar nicht erwünscht war. Nachdem der Gesetzgeber dann noch Computer und andere Elektrogeräte in „neuartige Rundfunkgeräte" umgetauft hat, kam auch nur ein leises, kaum wahrnehmbares, schüchternes Murren, das zudem nur wenige Monate anhielt. Die Deutschen sind eben nach wie vor für die Obrigkeit gut zu gebrauchen!

War bereits die Gesetzgebung zur Rundfunkgebühr in jeder Hinsicht ungerecht und unsozial, haben unsere Volksvertreter beim Rundfunkbeitrag noch einmal richtig nachgelegt. Auch wer aus den verschiedensten, nachvollziehbaren Gründen Fernsehen für sich, oder sogar zum Wohle der Menschheit generell ablehnt, wird nicht verschont und muss gegen sein Gewissen handeln und zahlen.

Die Akzeptanz der Rundfunkgebühr und die Zahlungsmoral ist in den letzten Jahren stark gesunken und tendiert gerade bei jungen Menschen gegen Null. Kein Wunder: Erscheinen doch die Programme der Öffentlich-Rechtlichen, sowohl im Radio wie auch im Fernsehen, immer trivialer und nerviger, während demgegenüber die privaten Alternativangebote immer kompetenter, vielseitiger und damit attraktiver werden. Allein die neuen Anbieter im Internet stellen Informationen bereit, die das, was sich die GEZ-Sender zu verbreiten erlauben, weit in den Schatten stellen, sowohl von der Breite der Themenpalette, als auch von der Informationstiefe und auch von der Glaubwürdigkeit. Kurzum: Diese zwangsfinanzierten Anstalten sind bereits schon jetzt überflüssig. Sie sind tot und wollen es nicht wahrhaben.

Und genau das ist es: Die Tatsache, dass sie nicht mehr gebraucht werden, lässt Panik bei den Nutznießern des Systems aufkommen, denn es geht um sehr viel Geld. Eine alte Diktatorenweisheit lautet: Wenn die Menschen nicht freiwillig bleiben, müssen sie eingemauert werden. Das wusste auch schon Walter Ulbricht. So ist die Haushaltsabgabe also die logische Gegenwehr gegen das eigene Ende. Die Haushaltsabgabe soll in Analogie zur Berliner Mauer jedes Entkommen, jede Flucht der Deutschen aus der Mediendiktatur verhindern. Dass es aber weiterhin Schlupflö-

„Etwas ist nicht Recht, weil es Gesetz ist, sondern es muss Gesetz sein, weil es Recht ist."

(Charles de Montesquieu, Staatstheoretiker)

cher, Tunnel und Fluchthelfer geben wird, können und konnten auch die totalitärsten Systeme nicht verhindern. Auch die Haushaltsabgabe ist zu knacken!

3 Die wichtigsten Kritikpunkte am neuen RBStV

Der neue im Rundfunkbeitragsstaatsvertrag (RBStV) genannte „Rundfunkbeitrag" hat eine Höhe von 17,98 Euro monatlich (215,76 Euro/Jahr). Den früheren ermäßigten Radiobeitrag gibt es dann nicht mehr. Wenn also im Text z.b. von einem Drittel Beitrag die Rede ist, sind das rund 6 Euro/Monat oder 71,92 Euro im Jahr.

Der neue Rundfunkbeitrag ist nicht mehr an das Bereithalten von Radios oder Fernseher gebunden. Im privaten Bereich ist er praktisch eine Haushalts- bzw. Wohnungsabgabe und im nicht privaten Bereich eine Abgabe, die sich, grob gesagt, nach der Anzahl der Mitarbeiter und der Betriebsstätten richtet. Je mehr Mitarbeiter eine Firma hat und je mehr Betriebsstätten (z.B. Filialen), desto höher der Beitrag. Auch Kraftfahrzeuge sind beitragspflichtig. Die neuen Regelungen können bei Firmen mit vielen Filialen dazu führen, dass sich der Rundfunkbeitrag gegenüber der Rundfunkgebühr um ein Vielfaches erhöhen wird. Wohl gemerkt: Auch wenn kein einziges Gerät vorhanden ist, mit dem Radio oder Fernsehen empfangen werden kann. Für Privatleute ändert sich vor allem dann etwas, wenn man zuvor keine Rundfunkgebühren bezahlt hat. Es gibt durchaus triftige Gründe, ohne Fernseher, aber auch ohne Radio und auch ohne heimisches Internet zu leben. Künftig müssen auch diejenigen zahlen, die kein einziges Gerät zum Empfang bereit halten. Aber auch, wenn man vorher ohnehin seine Gebühren bezahlt hat, kann es durch unklare Formulierungen im Gesetz zu weiteren Ansprüchen der Anstalten gegen Personen kommen.

Die Datenschutzbeauftragten der Länder verurteilen den neuen Staatsvertrag. Sie haben den Regelungen auch nicht zugestimmt, obwohl dies fälschlicherweise von bestimmten Politikern behauptet wurde. Ihre Zustimmung ist aber auch gar nicht notwendig. Die Landesdatenschutzbeauftragten haben quasi nur beratende Funktion. Und wer beratungsresistent ist, wie unsere Volksvertreter, kann in diesem Lande bei einer solchen Gesetzgebung eben machen, was er oder sie will.

3.1 Unklarer Begriff der „Wohnung"

Da der neue Rundfunkbeitrag an die Wohnung gebunden ist, müsste der Begriff „Wohnung" eigentlich klar und unzweideutig geregelt sein. Ist er aber nicht, sondern die Formulierung lässt jede Form von Willkür zu. Hier zunächst die entsprechende Originalpassage des § 3 im RBStV:

> **§ 3 Wohnung**
> (1) Wohnung im Sinne dieses Staatsvertrages ist unabhängig von der Zahl der darin enthaltenen Räume jede ortsfeste, baulich abgeschlossene Raumeinheit, die
> 1. zum Wohnen **oder** Schlafen geeignet ist **oder** genutzt wird und
> 2. durch einen **eigenen Eingang** unmittelbar von einem Treppenhaus, einem **Vorraum oder von außen**, nicht ausschließlich über eine andere Wohnung, betreten werden kann.

Hier steckt der Teufel gleich in mehreren Formulierungen, welche die Rundfunkanstalten sicherlich zu ihren

Gunsten auslegen werden und wodurch eine ganze Welle von Klagen zu erwarten ist: Es sind zunächst die beiden Oder-Definitionen „Wohnen **oder** Schlafen" sowie „geeignet ist **oder** genutzt wird". Wenn jemand beispielsweise eine Party veranstaltet und ein Gast nicht mehr in der Lage ist, den Weg nach Hause zu finden, wäre der Geräteschuppen sicherlich „geeignet", diesen Menschen seinen Rausch ausschlafen zu lassen. Was ist mit separaten Kellereingängen oder Gästezimmern? Auch spannend, der Begriff „Vorraum": Ist eine große Wohnung mit vielen Zimmern, die von einem langen Flur ausgehen, eine oder mehrere „Wohnungen"? Schließlich ist auch eine Raumeinheit, die von einem „Vorraum" betreten werden kann (Flur?) eine „Wohnung".

Die Schnüffler der Öffentlich-Rechtlichen werden viel zu tun haben und wir werden uns noch über dreiste Befragungen und freche Auftritte wundern müssen. Es wird für uns Bürger noch eine Menge Ärger geben!

3.2 Ungerechte Bemessung des Beitrags bei Unternehmen

Ein Unternehmen mit vielen kleinen Betriebsstätten und mit wenig Mitarbeitern wird zu höheren Beiträgen herangezogen, als ein Unternehmen mit mehr Mitarbeitern, das aber auf nur einem einzigen Grundstück residiert. Auch gegenüber der alten Rundfunkgebühr verteuert das neue Modell die Kosten für die deutsche Wirtschaft erheblich. Beispiel: Ein Bäckereiunternehmen mit 60 Mitarbeitern, 12 Filialen und acht Betriebsfahrzeugen zahlt künftig fast

2.030 Euro jährlich, früher waren es noch 423 Euro im Jahr, so eine Berechnung des Bäckerhandwerks[1].

Nach wie vor gibt es für Unternehmen keine Möglichkeit, sich von der Zahlung befreien zu lassen, so dass mit dieser Gesetzgebung durchaus auch billigend die Insolvenz in Kauf genommen wird und damit Arbeitsplätze verloren gehen können. Da auch nachträglich für vergangene Jahre Beiträge von den Anstalten verlangt werden dürfen, ist es durchaus möglich, dass entsprechende Forderungen den Todesstoß für eine Firma bedeuten können.

In deutschen Betrieben wird in der Regel gearbeitet und nicht Thomas Gottschalk geguckt. Daher ist die Heranziehung der Wirtschaft für die Finanzierung des öffentlich-rechtlichen Rundfunks ohnehin unsinnig. Außerdem zahlt ja jeder einzelne in den Unternehmen beschäftigte Mitarbeiter für seine Wohnung zu Hause ohnehin schon seinen Rundfunkbeitrag. So will es zumindest das Gesetz. Auf diese Weise wird für arbeitende Menschen quasi doppelt abkassiert!

3.3 Lizenz zum Schnüffeln, Überwachen und drangsalieren

Die Bürokratie und Schnüffelei werden durch den neuen Staatsvertrag nicht etwa verringert, sondern die Kontrolle und Überwachung der Bürger wird deutlich verschärft. Kurzfristig will die GEZ dafür 400 neue Mitarbeiter ein-

---

[1] http://www.faz.net/s/Rub475F682E3FC24868A8A5276 D4FB916D7/Doc~ EDDAF21C150DA467CB7017525F 57C429E~ATpl~Ecommon~Scontent.html

stellen[2]. Beitragsbeauftragte (wie dann wohl die Gebührenbeauftragten heißen werden), die im Dunklen ums Haus und bald wohl auch im Haus herumschleichen, werden weiterhin ihrer Arbeit nachgehen müssen. Neu ist nur, dass sie keine Rundfunkgeräte mehr aufzuspüren haben, sondern Hauseingänge, Flure oder Geräteschuppen. Sie kommen, um Mietverträge oder die Anzahl von Mitarbeitern einer Firma zu kontrollieren und gleichen die Meldedaten mit den Vor-Ort-Gegebenheiten ab. Diese Menschen sind nun vom Gesetz dazu legitimiert, noch weiter in unser aller Privatleben hineinzukriechen und noch rabiatere Verhöre durchzuführen, als ohnehin schon.

Daten, aus denen die Landesrundfunkanstalten die Beitragspflicht ableiten möchten, können sowohl vom Betroffenen erhoben, als auch von staatlichen und privaten Datenanbietern angefordert, bzw. angemietet werden. Dies darf gem. § 11 Abs. 4 RBStV gemacht werden, **ohne dass der Bürger oder die Bürgerin etwas davon erfährt**. Die Daten werden also mehrfach erhoben. Einmal durch die Anzeigepflicht...

§ 8 Anzeigepflicht
(1) Das Innehaben einer **Wohnung**, einer **Betriebsstätte** oder eines beitragspflichtigen **Kraftfahrzeugs** ist unverzüglich schriftlich der zuständigen Landesrundfunkanstalt anzuzeigen (Anmeldung); entsprechendes gilt für jede Änderung der Daten nach Absatz 4 (Änderungsmeldung). Eine Änderung der Anzahl der im Jahresdurchschnitt des vorangegangenen Kalenderjahres **sozialversicherungspflichtig Beschäftigten** nach Absatz 4 Nr. 7 ist jeweils bis zum 31. März eines Jahres anzuzeigen; diese Änderung wirkt ab dem 1. April des jeweiligen Jahres.

---

[2] www.spiegel.de/kultur/gesellschaft/0,1518,757476,00.html

„Wer sagt: ‚Hier herrscht Freiheit‛, der lügt, denn Freiheit herrscht nicht.“

(Erich Fried)

Wir müssen also von uns aus aktiv werden und den Anstalten alles melden: die Wohnung, das neu erworbene Auto oder wenn ein neuer Mitarbeiter eingestellt wird. Darüber hinaus kann die Rundfunkanstalt selbst aktiv werden und sich mit Befragungen an uns richten, auf die wir dann Auskünfte zu geben haben...

§ 9 Auskunftsrecht, Satzungsermächtigung

(1) Die zuständige Landesrundfunkanstalt kann von jedem Beitragsschuldner oder von Personen oder Rechtsträgern, bei denen tatsächliche Anhaltspunkte vorliegen, dass sie Beitragsschuldner sind und dies nicht oder nicht umfassend angezeigt haben, Auskunft über die in § 8 Abs. 4 genannten Daten verlangen. Kann die zuständige Landesrundfunkanstalt den Inhaber einer Wohnung oder einer Betriebsstätte nicht feststellen, ist der Eigentümer oder der vergleichbar dinglich Berechtigte der Wohnung oder des Grundstücks, auf dem sich die Betriebsstätte befindet, verpflichtet, der Landesrundfunkanstalt Auskunft über den tatsächlichen Inhaber der Wohnung oder der Betriebsstätte zu erteilen. Bei Wohnungseigentumsgemeinschaften kann die Auskunft auch vom Verwalter verlangt werden. Die Landesrundfunkanstalt kann mit ihrem Auskunftsverlangen neben den in § 8 Abs. 4 und 5 genannten Daten im Einzelfall weitere Daten erheben, soweit dies nach Satz 1 erforderlich ist; § 11 Abs. 5 gilt entsprechend. Die Landesrundfunkanstalt kann für die Tatsachen nach Satz 1 und die Daten nach Satz 4 Nachweise fordern. Der Anspruch auf Auskunft und Nachweise kann im Verwaltungszwangsverfahren durchgesetzt werden.

Vertrauen ist gut, Kontrolle ist besser: Es wird die Rundfunkanstalt nämlich auch befugt, heimlich, ohne uns davon zu unterrichten, über verschiedene **öffentliche oder nicht öffentliche (private) Quellen** die Daten zu besorgen, von denen sie meint, uns damit überführen zu können...

§ 11 Verwendung personenbezogener Daten

(4) Die zuständige Landesrundfunkanstalt kann im Wege des Ersuchens für Zwecke der Beitragserhebung sowie zur Feststellung, ob eine Beitragspflicht nach diesem Staatsvertrag besteht, **personenbezogene Daten bei öffentlichen und nichtöffentlichen Stellen ohne Kenntnis des Betroffenen erheben**, verarbeiten oder nutzen. Voraussetzung dafür ist, dass

1. die Datenbestände dazu geeignet sind, Rückschlüsse auf die Beitragspflicht zuzulassen, insbesondere durch Abgleich mit dem Bestand der bei den Landesrundfunkanstalten gemeldeten Beitragsschuldner, und

2. sich die Daten auf Angaben beschränken, die der Anzeigepflicht nach § 8 unterliegen und kein erkennbarer Grund zu der Annahme besteht, dass der Betroffene ein schutzwürdiges Interesse an dem Ausschluss der Erhebung, Verarbeitung oder Nutzung hat.

Die Erhebung, Verarbeitung oder Nutzung bei den Meldebehörden beschränkt sich auf die in § 14 Abs. 9 Nr. 1 bis 8 genannten Daten. Daten, die Rückschlüsse auf tatsächliche oder persönliche Verhältnisse liefern könnten, dürfen nicht an die übermittelnde Stelle rückübermittelt werden. Das Verfahren der regelmäßigen Datenübermittlung durch die Meldebehörden nach den Meldegesetzen oder Meldedatenübermittlungsverordnungen der Länder bleibt unberührt. Die Daten Betroffener, für die eine Auskunftssperre gespeichert ist, dürfen nicht übermittelt werden.

Auf diese Weise steht der Bürger gleich dreifach unter der Kontrolle der Landesrundfunkanstalten:

1. Er muss aktiv Selbstanzeige erstatten.
2. Er muss auf Anfragen wahrheitsgemäß antworten.
3. Über öffentliche Datenquellen und private Adresshändler können ohne sein Wissen Informationen über ihn eingeholt werden.

Damit sich der deutsche Bürger wieder einmal als Untertan fühlt und nicht ohne Bestrafung bleibt, wenn er sich nicht selber bei der Anstalt anzeigt, gibt es diesen Paragrafen...

§ 12 Ordnungswidrigkeiten

(1) Ordnungswidrig handelt, wer vorsätzlich oder fahrlässig

1. den Beginn der Beitragspflicht entgegen § 8 Abs. 1 und 3 nicht innerhalb eines Monats anzeigt,

2. der Anzeigepflicht nach § 14 Abs. 2 nicht nachgekommen ist oder

3. den fälligen Rundfunkbeitrag länger als sechs Monate ganz oder teilweise nicht leistet.

(2) Die Ordnungswidrigkeit kann mit einer Geldbuße geahndet werden.

(3) Die Ordnungswidrigkeit wird nur auf Antrag der Landesrundfunkanstalt verfolgt; sie ist vom Ausgang des Verfahrens zu benachrichtigen.

Bei einer solch undurchsichtigen Rechtslage (siehe z.B. Kap 3.1) ist jedoch für den Bürger vollkommen unklar, was er denn nun anzeigen soll. Muss er nun auch sein kleines Gerätehäuschen anzeigen, die Anwesenheit des studierenden Sohnes melden, der einmal pro Monat in seinem Kinderzimmer übernachtet, das von einem Flur ausgeht - oder eben doch nicht...? Fragen über Fragen...! In einem Rechtsstaat müsste so etwas klarer geregelt sein.

Der Abs. 3 des § 12 ist übrigens gut dazu geeignet, die Bürger gefügig zu machen, denn die Anstalt bestimmt selber, ob sie eine Geldbuße beantragt. Es wird immer wieder gern in den Schriftsätzen der Justitiare und bei den Hausbesuchen durch die Rundfunkbeauftragten darauf hingewiesen. Motto: Wir könnten Sie jetzt locker zu einer empfindlichen Geldbuße verurteilen lassen! Es sei denn, Sie unterschreiben jetzt sofort diesen Wisch mit 10 Jahren rückwirkender Anmeldung! Bisher war es üblich, mit 1.000 Euro Geldbuße zu drohen.

3.4 Weitere Kritikpunkte in Kurzform

- **Behinderte**, die früher von der Rundfunkgebühr total befreit waren, wie etwa Blinde, müssen nun bezahlen und zwar ein Drittel des vollen Beitrags.

- Nach wie vor beschränkt sich der Beitrag nicht auf deutsche Staatsbürger. So müssten sich in Deutschland lebende oder auch nur mit dem Auto durchfahrende **Ausländer** bei der Rundfunkanstalt melden und den Besitz ihres Fahrzeugs anzeigen. Wenn sie das Land verlassen, müsste das Auto dann auch wieder abgemeldet werden, weil ohne Abmeldung der Rundfunkbeitrag weiter erhoben würde und spätestens bei der nächsten Einreise eingezogen werden könnte. Wie die Vergangenheit zeigt, wird dieser Aspekt jedoch bei der **Anwendung** des Gesetzes vermutlich aus Gründen internationaler Integrität nicht berücksichtigt, was den Willkürcharakter unterstreicht.

- Es ist nach wie vor **keine rückwirkende Abmeldung oder Befreiung** möglich. Dies hat bei der Rundfunkgebühr bisher dazu geführt, dass Menschen, die sich sicher waren, bereits befreit zu sein oder die eine angeblich nicht ihr Ziel erreicht habende Abmeldung versandt haben und sich daher ebenfalls sicher waren, nicht mehr gebührenpflichtig zu sein, rückwirkend oft für mehrere Jahre nachzahlen mussten. Obdachlose, die vergessen hatten, sich abzumelden bevor sie ihr Leben auf der Straße verbringen mussten, wurden später wieder von der GEZ aufgegriffen und für die Zeit ihrer Obdachlosigkeit zur Kasse gebeten. Soldaten, die zu Auslandseinsätzen ausrücken, müssen für die Zeit ihrer Abwesenheit Gebühren für ihren heimischen Fernseher bezahlen. Außer, sie haben vorher ihre gesamte Stereo-anlage nebst Fernseher irgendwo anders untergebracht und sich der ordnungsgemäßen Abmeldeprozedur der GEZ unterworfen. Künftig ist die Abmeldung ja ohne-hin nicht mehr möglich, solange der Haushalt nicht komplett aufgelöst wird.

- Auch im neuen Staatsvertrag gibt es **keinen Befrei-ungstatbestand des geringen Einkommens**. Die Be-freiung ist an ganz bestimmte staatliche Leistungen ge-bunden, die in einer Positivliste aufgeführt sind. Andere geringe Einkommen, etwa aus ausländischen Sozialleis-tungen oder Arbeitsentgelte unter dem Hatz-IV-Niveau finden keine Beachtung. Dem Gesetzgeber kam es al-lein darauf an, es der GEZ bei der Bearbeitung von An-trägen so einfach wie möglich zu machen. Das Schicksal der Bürger spielte offensichtlich keine Rolle. Die sog. Härtefallregelung wird in den einschlägigen Kommen-taren nicht auf niedrige Einkommen angewendet. Sie ist, wie in Kap. 4.2.1 sowie 6.7 beschrieben, eine Farce.

3.5 Beurteilung der Datenschutzbeauftragten

Die Vorsitzende des Arbeitskreises Medien der **Konferenz der Datenschutzbeauftragten des Bundes und der Länder**, Dagmar Hartge, hat in der Stellungnahme des Arbeitskreises vom 7. Oktober 2010 zu dem zugrundelie-genden Staatsvertragsentwurf (RBStV-E) zu bestimmten

Punkten Beurteilungen abgegeben[3]. Alle folgenden Zitate (Kap. 3.5.1 bis 3.5.7) sind wörtlich aus der genannten Stellungnahme entnommen:

3.5.1 Vorbemerkung des Arbeitskreises Medien

„Aus datenschutzrechtlicher Sicht widersprechen die Datenverarbeitungsbefugnisse des Staatsvertragentwurfs durch zu umfangreiche Ermächtigungen der Rundfunkanstalten und ihrer Hilfsorgane den Grundsätzen der Verhältnismäßigkeit und Datensparsamkeit sowie den Grundsätzen der Normklarheit und Transparenz."

3.5.2 Regelung der Datenverarbeitungsbefugnisse

„In § 11 Absatz 4 RBStV-E werden die Landesrundfunkanstalten ermächtigt, die für die Beitragserhebung notwendigen Daten ohne Kenntnis des Betroffenen zu erheben. Die Befugnis erstreckt sich auf öffentliche und nicht öffentliche Quellen. Diese Ermächtigung bricht mit dem fundamentalen Prinzip, dass Daten grundsätzlich beim Betroffenen zu erheben sind. Eine Abweichung von diesem Grundprinzip wäre nur bei zwingender Notwendigkeit akzeptabel. Dies ist hier jedoch nicht der Fall."

„Die Art der zu nutzenden nicht öffentlichen Quellen ist in keiner Weise konkretisiert. Es kommen also alle denkbaren Möglichkeiten, wie zum Beispiel Arbeitgeber, Versicherungen, Versandhäuser, Inkassounternehmen und Auskunfteien in Betracht. (...) Hinzu kommt, dass hier keine

---

[3] www.lda.brandenburg.de/media/lbm1.a.2473.de/Stellungnahme_DSB.pdf

Möglichkeit für die Rundfunkanstalt besteht, die Qualität der nicht öffentlichen Datenquelle zu überprüfen, und somit ein erhebliches Risiko besteht, hier mit falschen Daten zu arbeiten, was sich in der Vergangenheit immer wieder gezeigt hat."

„Auch hinsichtlich der Möglichkeit der Datenerhebung bei öffentlichen Stellen ist eine Begrenzung zu fordern. Das Fehlen jeglicher sachlicher Grenzen widerspricht dem Gebot der Normenbestimmtheit. Die Einhaltung dieses Gebots ist umso wichtiger, als der Betroffene keine Kenntnis von der Datenerhebung hat und somit seine Interessen nicht selbst verfolgen kann.

Unter diesen Gesichtspunkten stellt sich die Befugnis der Rundfunkanstalten, die Datenerhebung beim Betroffenen oder öffentlichen Stellen zusätzlich auch auf private Quellen aus zuweiten, als unzulässig dar."

3.5.3 Datenerhebungsbefugnisse bei Befreiungstatbeständen

„Nach den vorgesehenen Vorschriften wären die Rundfunkanstalten berechtigt, zum Nachweis der Berechtigung sich eine Bescheinigung oder die Originalbescheide bzw. beglaubigte Kopien dieser Bescheide vorlegen zu lassen und diese zu speichern. Der Entwurf orientiert sich dabei ausschließlich an praktischen Belangen der Rundfunkanstalten, wonach die gesamte Eingangspost bei der Gebühreneinzugszentrale (GEZ) eingescannt wird. Nur deshalb erfolgt eine vollständige Erfassung der Bescheide. Nach eigenen Aussagen der GEZ ist bei dieser Verfahrensweise eine partielle Löschung nicht benötigter Daten nicht möglich. Allein deshalb werden auch sensitive Gesundheits- und/oder Sozialdaten gespeichert, die von niemandem bestritten für die Entscheidung über eine Beitragsbefreiung nicht erforderlich sind."

„Datenschutzgerecht wäre es hier, die Nachweispflicht auf die Vorlage von Leistungsbescheinigungen zu beschränken, die lediglich den Leistungsgrund und den Leistungszeitraum erkennen lassen."

3.5.4 Härtefallbestimmung

„Ein weiterer Befreiungstatbestand (§ 4 Absatz 6 RBStV-E) soll nach dem Staatsvertragsentwurf in sog. Härtefällen vorliegen. Welche konkreten Nachweispflichten hier bestehen, ist dem Entwurf nicht zu entnehmen. Es ist jedoch anzunehmen, dass hier neben der Übermittlung von Gesundheits- und/oder Sozialdaten auch die Offenlegung von Finanz- und Steuerdaten erforderlich ist."

3.5.5 Zugriff auf Daten anderer Beitragspflichtiger anderer Rundfunkanstalten

„Zur Erfüllung Ihrer Aufgaben hält die im Rahmen einer nichtrechtsfähigen öffentlichrechtlichen Verwaltungsgemeinschaft betriebene Stelle die kompletten Datensätze aller beitragspflichtigen Bürger der gesamten Bundesrepublik vorrätig. (...)Wurde beim jetzigen Finanzierungsmodell noch an eine Person angeknüpft, die ein Empfangsgerät bereithält, ist zukünftig eine Wohnung oder Betriebsstätte Anknüpfungspunkt für die Zahlungspflicht. Da diese in der Regel ortsfest sein werden, ist nur noch der Zugriff einer Rundfunkanstalt auf die Daten erforderlich, die sich auf Wohnungen und/oder Betriebsstätten im eigenen Sendegebiet beziehen. Jede weitere Möglichkeit der Datenverarbeitung wäre unverhältnismäßig und damit unzulässig."

3.5.6 Einmaliger Meldedatenabgleich über einen Zeitraum von zwei Jahren

„Der Entwurf des Staatsvertrages sieht in § 14 Absatz 9 RBStV-E vor, dass die Rundfunkanstalten innerhalb einer Frist von 2 Jahren ab Inkrafttreten des Staatsvertrages von allen Meldebehörden einen festgelegten Datensatz aller volljährigen Personen übermittelt bekommen, um eine Bestands- und Ersterfassung der Beitragsschuldner zu ermöglichen. Dieses gewählte Verfahren erscheint mit dem Grundsatz der Datensparsamkeit nicht vereinbar (...) Auch sollte zumindest die Anzeigepflicht nach § 14 Abs. 1 RBStV-E gestrichen werden, da eine voraussetzungslose und umfassende Anzeigepflicht Privater Bedenken im Hinblick auf den Verhältnismäßigkeitsgrundsatz begegnet; Beitragsausfälle dürften aufgrund der Vermutungsregelung kaum eintreten und Streitfälle ließen sich durch konkrete Datenanforderungen bei den Meldebehörden lösen, auch existiert bereits jetzt eine Meldedatenübermittlungsermächtigung in den Landesmeldegesetzen."

3.5.7 Weitere Datenschutzrechtliche Problempunkte

Der Begriff der Wohnung

„Der Staatsvertragsentwurf wählt hier in § 3 Absatz 1 Ziffer 1 subjektive Deutungsbegriffe wie „zum Wohnen und Schlafen geeignet", um eine Wohnung zu beschreiben. Es sind durchaus Orte denkbar, die wohl die o. g. Geeignetheit aufweisen, aber im Allgemeinen nicht als Wohnung bezeichnet werden. Wie soll diese Geeignetheit festgestellt werden? Denkbar sind hier Hausbesuche oder Besichtigungen von Beitragsbeauftragten, die aber rechtlich unzulässig wären."

„Es stellt sich die Frage, wie in diesem Fall und vor allem durch Offenbarung welcher Daten hier der positive oder auch negative Nachweis der Inhaberschaft einer Wohnung durch den Betroffenen erbracht werden kann."

Gesamtschuldnerische Haftung von Beitragsschuldnern

„Aus der Sicht der Beitragsgläubiger stellt die Fiktion der Wohnungsinhaberschaft eine Erleichterung bei der Durchsetzung des Rundfunkbeitrags dar. Denn der Gesamtschuldner schuldet grundsätzlich die gesamte Leistung, d. h. den gesamten Rundfunkbeitrag für die Wohnung, in der er wohnt, und zwar unabhängig davon, ob er selbst Inhaber der Wohnung oder bloßer Mitbewohner ist. (...) insofern wäre ein grundlegendes Umsteuern des Entwurfs in dem Sinne, dass nur eine Person pro Haushalt Beitragsschuldner ist, mehr als nur wünschenswert."

Glaubhaftmachung bei Betriebsstilllegung

„In § 5 Absatz 5 RBStV-E wird einem Betriebsstätteninhaber eine Befreiung vom Rundfunkbeitrag gewährt, wenn er glaubhaft macht und auf Verlangen nachweist, dass seine Betriebsstätte für mehr als 3 Monate stillgelegt wird. Auch hier ist nicht erkennbar, welchen Umfang die Nachweispflicht hat. Aufgrund der Unklarheit ist anzunehmen, dass hier im Einzelfall auch gesundheitliche, familiäre oder sonstige private Tatsachen belegt werden müssen. Eine solche erzwungene Offenlegung stellt regelmäßig einen erheblichen Grundrechtseingriff dar."

Mitteilung eines Lebenssachverhaltes bei Abmeldung

„Warum sollten die Rundfunkanstalten daran interessiert sein, zu erfahren, aus welchen in seiner Person liegenden Gründen ein Beitragsschuldner die Abmeldung vornimmt? Der Betroffene könnte nach der Formulierung im Staatsvertrag gezwungen werden, Gesundheits-, Sozial-, Finanz- und/oder Steuerdaten zu offenbaren und ggf. familiäre Verhältnisse offen zu legen."

Nochmaliger Hinweis: Im Unterkapitel 3.5 wurden die Originalzitate der Stellungnahme der Datenschutzbeauftragten des Bundes und der Länder übernommen.

4 Es geht ums Geld und nur ums Geld!

Viele Menschen, besonders ältere, glauben, der öffentlich-rechtliche Rundfunk würde die eingenommenen Gebühren vor allem in die Herstellung und Verbesserung seiner Programme investieren. Dies war wohl auch noch zu Zeiten des Schwarz-Weiß-Fernsehens der Fall. Von Auswüchsen wie heute hat man damals, in den 50er bis 70er Jahre zumindest nichts mitbekommen. Damals lebten die „Macher" noch in Wohnungen, Häusern oder auch schon mal in kleineren Villen. Heute müssen die Protagonisten der Anstalten Schlösser und Paläste haben, um ihre exorbitanten Ansprüche befriedigen zu können. Programm wird dabei mehr und mehr Nebensache, Alibi und Farce.

Ohne Skrupel wird das Geld auch von den Ärmsten der Armen eingetrieben, wogegen Besserverdiener praktisch gar nicht mitbekommen, dass ihnen etwas vom Konto abgebucht wird. Die Verteilung der Lasten funktioniert ganz offensichtlich nach einem beabsichtigten Anti-Solidaritätsprinzip.

4.1 Wohin fließt das Geld

Im öffentlich-rechtlichen Rundfunk werden die Gehälter und Gagen der Einfachheit halber am Besten gleich in einer speziellen Währung bemessen: den Bundeskanzlergehältern. Zur Referenz: Das Bundeskanzlergehalt in Deutschland ergibt sich aus § 11 Abs. 1 Bundesministergesetz und besteht aus den Grundbezügen plus Dienstaufwandsentschädigungen von zusammen insgesamt rund 250.000 Euro pro Jahr, also einer viertel Million.

Jetzt kommen die Mitarbeiter und Mitarbeiterinnen der Öffentlich-Rechtlichen:

Zunächst eine Rechenaufgabe. Sie lautet: **„27+9=?"**.

Harald Schmidt mit seinem **36-fachen Bundeskanzlergehalt** (umgerechnet in Euro: 9 Millionen pro Jahr[4]) lacht sich wahrscheinlich schlapp über Merkels Brotkrumen. Vielleicht mal Wert, als verächtlichen Witz in seiner Sendung gerissen zu werden... Nehmen wir mal an, in allen 27 Staaten der Europäischen Union bekommen Merkels Kolleginnen und Kollegen durchschnittlich das gleiche wie sie, dann kassiert Schmidt so viel wie **alle 27 Regierungschefs zusammen** und hätte nebenbei noch **9** Bundeskanzlergehälter übrig.

---

[4] http://archiv.mopo.de/archiv/2008/20081222/hamburg/politik/das_haben_sie_gezahlt.html

„Die Welt hat genug für jedermanns Bedürfnisse, aber nicht für jedermanns Gier."

(Mahatma Gandhi)

Jörg Pilawa hat sich kürzlich eine ganze Insel gekauft.[5] Ihm wurde vor seinem Umzug zum ZDF von der ARD ein Aufschlag von vier Bundeskanzlergehältern geboten, falls er bliebe. Was er wohl ganz offensichtlich ablehnte. Wohl gemerkt: Es ging um einen Aufschlag![6]

HEUTE-Moderator Kleber liegt mit seinen 600.000 Euro immerhin noch weit über dem Doppelten Gehalt von deutschen Bundeskanzlern.[7]

Thomas Gottschalk wohnt nicht mehr in Häusern oder Villen, sondern in Schlössern und Palästen (z.B. Schloss Marienfels)[8]. Sein Vermögen wird auf 85 bis 130 Millionen Euro geschätzt[9]. Wie viel Bundeskanzlergehälter er im Jahr bekommt, ist meines Wissens nach nicht öffentlich bekannt.

Hier mal eine Zahl in Euro: „**4.487**".

Der **nette Günther Jauch** wird ja ab September 2011 bei der ARD einen dieser langweiligen Polittalks moderieren. Hierfür erhält er **4.487,- Euro. - Pro Minute!** Die meisten Menschen müssen ein ganzes Jahr lang hart von morgens bis abends dafür arbeiten, was Jauch für gerade mal zwei bis fünf Minuten Rumpalavern von der ARD be-

---

[5] http://www.bild.de/BILD/unterhaltung/leute/2009/07/21/joerg-pilawa-kauft-insel/einsamer-see-in-kanada.html
[6] http://www.welt.de/fernsehen/article4101060/Joerg-Pilawa-soll-Talkshow-im-ZDF-bekommen.html
[7] http://archiv.mopo.de/archiv/2008/20081222/hamburg/politik/das_haben_sie_gezahlt.html
[8] http://archiv.rhein-zeitung.de/on/06/07/05/rlp/r/remagen-1.html
[9] http://www.welt-des-wissens.com/wissen/person_thomasgottschalk.htm

kommt. Um aber bei den Bundeskanzlergehältern zu bleiben: Nach einer 60-Minuten-Sendung hat er 269.220 Euro verdient, also mehr als das Jahresgehalt eines Bundeskanzlers.[10] Bei geschätzten 40 Sendungen pro Jahr wären das dann 43 Bundeskanzlergehälter.

Darf man hier eigentlich wirklich noch von „Verdienst" reden? Ich meine nein. Ich nenne das „Anteil an der Beute". Solche Summen wandern (sonst) nur im kriminellen Milieu über den Tisch.

Hier noch mal eine Zahl, weil es so schön ist.
Sie heißt: **„390"**

Altenpfleger/innen **verdienen** im Monat 1.925,- Euro Brutto, also pro Jahr 23.100,- Euro. Mit Harald Schmidts **Beuteanteil** von neun Millionen Euro könnte man also Jahr für Jahr **390 Altenpfleger** bezahlen. Die Arbeit des Menschen Harald Schmidt ist mit seinen dummen Witzen und schnöden Sprüchen diesem Land 390 mal soviel Wert wie die eines Menschen, der von morgens bis abends in der Altenpflege arbeitet! So wollen es zumindest unsere sog. Volksvertreter und natürlich die Rundfunkintendanten.

Wie entstehen eigentlich **Fußballmillionäre?** Die Vereine haben so viel Geld, dass sie ihren Spielern ebenfalls mehrere Bundeskanzlergehälter zahlen können. Und Ablösesummen gehen auch schon mal in zweistellige Millionenhöhe. Die öffentlich-rechtlichen Rundfunkanstalten haben die Lizenzvergütungen für Fußballrechte in so exorbitante Höhen getrieben, dass die Privaten oftmals draußen bleiben mussten. Woher kommt das viele Geld, das auch dort

---

[10] http://carta.info/30654/jauch-4487-euro-pro-minute-1323-euro-mehr-als-will/

so großzügig verteilt wird? Natürlich aus Mitteln der Rundfunkgebühren. Die Vereine freut's und die Bürger werden wie immer nicht gefragt. Sie müssen zahlen.

Die zunehmende Neigung, Kritiker mit teuren **Abmahnungen und Gerichtsverfahren** wo möglich zu ruinieren oder zumindest mundtot zu machen, ist nicht nur für die journalistisch Tätigen in diesem Lande bedrohlich, sondern muss natürlich auch bezahlt werden. Die Justitiare und Anwaltskanzleien, die von den Landesrundfunkanstalten auf Blogger und andere Berichterstatter mit Abmahnungen und Klagen losgelassen werden, kosten Geld. Ich habe auf meiner Webseite einige dieser niederträchtigen Zensurverfahren dokumentiert. **Wer Gebühren oder Beiträge an die Anstalten bezahlt, finanziert damit also auch Zensur!**[11]

Menschen, die sich zu Recht über die fehlerhaften Arbeitsweisen der Anstalten beschweren, sollen nach Ansicht der Anstalten ins **Gefängnis!** Hier trifft es auch meistens die Ärmeren. Immanuel S. schrieb z.B. in einer Mail an die (nicht rechtsfähige) GEZ, nachdem diese nachweislich fehlerhaft gearbeitet hatte: **„Sie sind ja keine Behörde, sondern ein privater Erpresserverein ohne jede Rechte."** Er musste tatsächlich ins Gefängnis.[12] - Auch die Anstrengung, Bürger ins Gefängnis zu bringen, kostet Arbeit und damit Geld. Auch das zahlen die Gebühren- bzw. Haushaltsabgabenzahler!

Ach ja, ich vergaß: Der Rest wird zum Teil auch noch für Programme verwendet. Für den Fall, dass die Einnahmen

---

[11] http://www.gez-abschaffen.de/zensur.htm
[12] http://www.gez-abschaffen.de/Gefaengnis.htm

irgendwann mal sinken, haben die Intendanten auch schon mal vorauseilend mit Konsequenzen gedroht: Dann gibt es nämlich Abstriche bei 3-Sat und Arte, also den Kultursendern. Was bleibt, sind dann wohl nur noch aus Amerika eingekaufte Quiz-Formate, Seifenopern und natürlich das unausweichliche „Wetten dass...?".

4.2 Woher kommt das Geld?

Im vorigen Abschnitt habe ich skizziert, wohin das Geld fließt, das wir nach Ansicht unserer Volksvertreter an die Anstalten abzuführen haben. Jetzt möchte ich kurz darstellen, von welchen Menschen das Geld mit zum Teil brutaler juristischer Gewalt eingetrieben wird und wie dieser Vermögensverlust unserem Lande insgesamt schadet. An dem folgenden Beispiel kann sehr gut dargestellt werden, wie gut unsere drei Staatsgewalten zusammenarbeiten: Der Gesetzgeber erlässt unverantwortbare Gesetze, die Rundfunkanstalt reizt diese bis zum Äußersten zu ihrem Vorteil aus und die Gerichte bestätigen die Rechtmäßigkeit der rabiaten Eintreibung von Geld auch bei den Allerärmsten. Oft genug begründen das die Gerichte mit den irrwitzigsten Argumenten. „Gewaltenteilung" gibt es in Deutschland nur noch auf dem Papier und im Gemeinschaftskundeunterricht.

4.2.1 Die Ärmsten der Ärmsten müssen zahlen

Das folgende Beispiel zeigt die ganze Skrupellosigkeit unserer Staatsmacht in Punkto Rundfunkfinanzierung besonders gut:

Leitsatz des Urteils 2 A 13/06 des VG Göttingen vom 30.11.2006:

„Ein geringes Einkommen, hohe Schulden und der Umstand, dass die zum Haushalt gehörende Tochter mit einem Grad von 100 schwerbehindert ist und der Schwerbehindertenausweis das Merkzeichen RF enthält, rechtfertigen weder einzeln noch in der Gesamtschau die Befreiung von der Rundfunkgebührenpflicht" - Und weiter im Urteilstext: Sie ist alleinstehend und hat zwei Kinder. Ihre Tochter M. lebt mit in ihrem Haushalt. M. ist schwerbehindert mit einem anerkannten Grad von 100. Ihr sind die Merkzeichen RF, G, H und B zuerkannt. Tagsüber hält sich die Tochter im Landesbildungszentrum für Hörgeschädigte in Hildesheim auf und kommt abends nach hause. Nach Angaben der Klägerin sieht ihre Tochter viel fern. Die Klägerin hat einen Nettoverdienst aus unselbständiger Tätigkeit in Höhe von ca. **600 Euro**; zugleich hat sie hohe Schuldverpflichtungen. Diese Frau wurde zur Zahlung der Rundfunkgebühren verurteilt. Die Befreiung wurde vom Gericht abgelehnt und die „Härtefallregelung" wurde nicht angewendet![13]

Es gibt zahllose weitere Beispiele für derartige Ungerechtigkeiten. Bitte schauen Sie hierzu auf meine Webseite. So werden Obdachlose zur Kasse gebeten, die sich nicht rechtzeitig vor ihrer Obdachlosigkeit abgemeldet hatten, denn es gibt keine rückwirkende Abmeldung oder Befreiung[14]. Soldaten, die aus dem Auslandseinsatz in ihre Heimat nach Deutschland zurückkommen, werden von der GEZ aufgegriffen und für die Zeit, in der sie im Kosovo

---

[13] http://www.dbovg.niedersachsen.de/Entscheidung.asp?Ind=0580020060000132%20A

[14] http://www.gez-abschaffen.de/Faelle/Obdachloser.htm

oder in Afghanistan ihr Leben riskierten, von den Landesrundfunkanstalten gewissenlos abgezockt.[15]

4.2.2 Das Geld fehlt dann woanders

Wer ein minimales Einkommen hat und davon auch noch
GEZ-Gebühren bezahlen muss, hat oft kein Geld mehr,
um sich Bücher, Zeitschriften oder Musik-CDs zu kaufen,
ohne dass so ein Kauf unmittelbar das Nahrungsmittel-
budget angreifen würde. Das bedeutet nicht nur einen
schweren Verlust für das Individuum, sondern hat auch
gesamtgesellschaftliche Bedeutung: Ein Teil der Bevölkerung droht nämlich zu verblöden, wenn nur noch „Wetten
dass...?", „Ein Kessel Buntes" und „Verbotene Liebe" kon-
sumiert werden kann! Wenn sich ein Geringverdiener also
mal eine Musik-CD **nach eigenem Geschmack** kaufen
möchte oder ein **selbst ausgesuchtes** Buch, geht das nicht
mehr, weil das Geld dazu fehlt! Geringverdiener müssen
also die ewigen Nummereinshits ertragen, sich von „kultu-
rell anspruchsvoller" 12-Ton-Musik quälen lassen und im
Fernsehen uralte Western oder irgend eine Quiz-Show
angucken.

Auch die Buch- und Zeitschriftenbranche leidet. Es gibt
Verlage, die bringen aus reiner Vorsicht und Existenzangst
ausschließlich flachgebügelte „Bestseller" heraus, weil sie
fürchten, dass andere Bücher nicht mehr die hohen
Druckkosten einspielen. Und obwohl der Zeitschriften-
markt noch relativ gesund ist, muss mächtig um jeden A-
bonnenten gekämpft werden. Es fehlt in vielen Haushalten
schlicht das Geld!

---

[15] http://www.gez-abschaffen.de/Soldaten.htm

„Das Fundament des Rechts ist die Humanität."

(Albert Schweitzer)

Man muss sich das mal klar machen: Der Volkswirtschaft werden schon heute durch die GEZ 8 Milliarden (gleich 8.000 Millionen) Euro entzogen. Durch die neue Gesetzeslage werden es wohl nach ersten Schätzungen um die 9 Milliarden Euro jährlich sein. Dieses Geld fehlt dann natürlich woanders, nämlich da, wo Medienvielfalt herkommen müsste.

4.2.3 Und was ist mit den Millionären?

Ich bin ganz sicher kein Neider. Wer viel Geld hat und dieses auf ehrliche Weise verdient hat, soll damit auch machen können, was er oder sie will. Trotzdem muss hinterfragt werden, wie der deutsche Gesetzgeber die Verteilung der Lasten bei der Rundfunkfinanzierung gelöst hat. Wie werden denn die Millionäre und Millionärinnen von der GEZ geschröpft? Fast gar nicht! Sie zahlen nämlich den gleichen Betrag, wie die obengenannte Frau mit ihren monatlichen 600 Euro oder die Obdachlosen, die vergessen hatten, sich abzumelden oder die Soldaten, die im Kosovo oder Afghanistan ums Überleben kämpfen. Wenn Millionäre in ihrer 20-Zimmer-Villa 10 Fernseher und 15 Radios haben, bezahlen sie nur eine einzige Gebühr - für alles zusammen! Das dürfte auch der Grund dafür sein, warum sich reiche Menschen kaum um das Problem „Rundfunkgebühr" oder „Haushaltsabgabe" kümmern. Es ist für sie einfach nur Peanuts. Wahrscheinlich steckt zum einen hinter dieser Form des vollkommen missglückten „Solidaritätsprinzips", dass man sich keine mächtigen Feinde machen möchte und zum anderen, dass Millionäre eben zusammenhalten, weil man sich ja wöchentlich auf dem Golfplatz trifft...

Liebe Fernsehleute,
danke für Eure bedingungslose Hingabe!
Euer geliebter Mammon

"Mammon" von George Frederic Watts (1817-1904)

Ein paar Seiten zum Abschalten ...

96 Seiten
für 7,90 Euro
überall im Handel
ISBN: 978-3-9804617-6-4

Sie wollen raus?

**Hier finden Sie alles,
was Sie wissen müssen:**

- Warum aussteigen
- Wie aussteigen
- So schützen Sie sich danach

112 Seiten
Für nur 7,90 Euro
überall im Handel

ISBN 978-3-9804617-8-8

Was ist die GEZ
Die Gebührenerhebung
Wer muss zahlen
Wer muss nicht zahlen
Welche Rechte haben Sie
Die Gebührenbeauftragten
Die Datenschutzbeauftragten
Rechtliche Absicherung der GEZ
- Gesetzlich
- Rechtsprechung
- Fachkommentare und "herrschende Meinung"
- Die Rechtsabteilungen der Anstalten
32 Argumente für die Abschaffung der GEZ
Schnellwegweiser für akut Betroffene
Rundfunkgebührenstaatsvertrag
Test: Sind Sie ein Rechtsbrecher?

Bernd Höcker

Blockwart-TV

Wie sehr uns der öffentlich-rechtliche Rundfunk schadet

Höcker Verlag

96 Seiten
Für nur 7,90 Euro
überall im Handel

ISBN 978-3-9811760-2-5

Bernd Höcker

Die rechtliche Stellung von Rundfunkgebühren- beauftragten

Eine Handreichung für Anwälte und Richter

1. Auflage 2008

Höcker Verlag

96 Seiten
Für nur 7,90 Euro
überall im Handel

ISBN 978-3-9811760-1-8

Für alle Arten von Konflikten

Bernd Höcker

Kleines
Kampfbüchlein

Erste Hilfe bei schweren Konflikten

Höcker Verlag

112 Seiten
Für nur 7,90 Euro
überall im Handel

ISBN 978-3-9811760-3-2

Wenn ein Konflikt unter die Haut geht...

In diesem Buch geht es um Konflikte mit Personen, Gruppen oder Institutionen, die ganz subjektiv als existentiell empfunden werden. Es geht um Bedrohungen, die so beunruhigend erscheinen, dass sie im Geiste immer präsent sind. Du gehst abends mit ihnen ins Bett und wachst morgens mit ihnen wieder auf. Wie ein schwarzer Schatten liegt das Problem den ganzen Tag auf deiner Seele und verhageln dir selbst schöne Momente.

Das Buch enthält sachliche Informationen sowie taktische und strategische Anleitungen. Es klärt auf über juristisches Vorgehen und über Maßnahmen im Schatten des Rechts. Ursache und Gegner können dabei ganz unterschiedlich sein: Konflikte am Arbeitsplatz gehören ebenso dazu wie Streitigkeiten unter Nachbarn, Rosenkriege oder asymmetrische Konflikte zwischen Bürger und Behörden oder anderen mächtigen Institutionen. Auch Zivil- oder Strafverfahren die im virtuellen Raum des Internets ihren Ursprung haben, können in der realen Welt zur bedrohlichen Belastung werden.

5 Widerstandsrecht nach Art. 20 Abs. 4 Grundgesetz

Wir haben einen Artikel in der Verfassung, der eigentlich paradox ist. Es ist der **Artikel 20 Abs. 4 des Grundgesetzes** und der lautet:

> **„Gegen jeden, der es unternimmt, diese Ordnung zu beseitigen, haben alle Deutschen das Recht zum Widerstand, wenn andere Abhilfe nicht möglich ist."**

Dieser Artikel ist deswegen paradox, weil nach den Regeln des Rechtsstaates wiederum ein Gericht zu entscheiden hätte, ob der Tatbestand überhaupt soweit gegeben ist, dass Widerstand nach dieser Vorschrift geleistet werden darf. Wenn es aber bereits so weit ist, dass die Gerichte kein Recht mehr sprechen, sondern selber bereits Teil des Problems geworden sind, können sie auch nicht mehr befähigt sein, bei dieser Fragestellung eine unabhängige juristische Prüfung vorzunehmen. Wir Bürger sind also in dieser Frage auf uns selbst gestellt.

Im folgenden Abschnitt werden die einzelnen Tatbestände des Gesetzes mit den wirklichen Gegebenheiten verglichen. Zunächst der erste Halbsatz:

5.1 „Gegen jeden, der es unternimmt diese Ordnung zu beseitigen..."

Aus folgenden Tatsachen schließe ich, dass daran gearbeitet wird, die grundgesetzliche Ordnung in Deutschland zu beseitigen. Diese Gegebenheiten sind zum Teil durch verfassungswidrige Gesetze und durch verfassungswidrige Rechtsprechung gedeckt, zum anderen Teil aber auch nicht. Gelegentlich werden rechtswidrige Handlungen der Rundfunkanstalten durch Mitarbeiter anderer Behörden, etwa bei Polizei und Staatsanwaltschaften erst möglich gemacht oder nachträglich gedeckt.

5.1.1 Verstoß gegen Art. 20 Abs. 3 GG

Art. 20 Abs. 3 GG: Die Gesetzgebung ist an die verfassungsmäßige Ordnung, die vollziehende Gewalt und die Rechtsprechung sind an Gesetz und Recht gebunden.

Rundfunkgebühr und Haushaltsabgabe verstoßen gleich mehrfach gegen den Art. 20 Abs. 3 GG. Hierin ist das Rechtsstaatsprinzip enthalten, welches nach Lehrmeinung u.a. besagt, dass Verwaltungshandeln vorhersehbar, messbar und inhaltlich bestimmbar sein muss. Schon die Gesetzgebung zur Rundfunkgebühr und erst recht zur Haushaltsabgabe erlaubt es den Rundfunkanstalten, vollkommen unvorhersehbare Forderungen gegen den Bürger geltend zu machen und auch durchzusetzen. So ist es für einen „Ertappten" sicherlich unvorhersehbar, dass er nach der neuen Gesetzeslage möglicherweise eine beitragspflichtige „Wohnung" besitzt, wenn er im Garten ein Gerätehäuschen stehen hat. Immerhin könnte dieser Schuppen zum Wohnen oder Schlafen „geeignet" sein. Die Gesetzgebung ist insgesamt so unklar, dass kein Bürger wirklich weiß, was nun beitragspflichtig ist und was nicht. Weiteres hierzu siehe u.a. in Kap. 3.1 sowie 3.5.7. Das Verwaltungshandeln der Rundfunkanstalten und der GEZ ist und bleibt also reine Willkür, die von den Politikern durch ihre Gesetzgebung unterstützt und immer weiter verschärft wird. Willkür ist aber das genaue Gegenteil von Rechtsstaatlichkeit.

5.1.2 Verstoß gegen Art. 20 Abs. 1 GG

Art. 20 Abs. 1 GG: Die Bundesrepublik Deutschland ist ein demokratischer und sozialer Bundesstaat.

Im Kap. 4 habe ich ausgeführt, dass die soziale Komponente bei der Finanzierung des öffentlich-rechtlichen Rundfunks vollkommen außer Acht gelassen wurde. Millionäre zahlen den selben Betrag wie vollkommen Mittellose. Diese auch von verarmten Menschen eingetriebenen Gelder werden von den Rundfunkanstalten dazu missbraucht, den eigenen Leuten gigantische Gehälter und Gagen auszubezahlen. Das ganze System ist nicht sozial, sondern feudalistisch.

5.1.3 Verstoß gegen Art. 33 Abs. 4 GG

Art. 33 Abs. 4 GG: Die Ausübung hoheitsrechtlicher Befugnisse ist als ständige Aufgabe in der Regel Angehörigen des öffentlichen Dienstes zu übertragen, die in einem öffentlich-rechtlichen Dienst- und Treueverhältnis stehen.

Es wurden und werden auch künftig provisionsabhängige Rundfunkgebührenbeauftragte, bzw. Rundfunkbeitragsbeauftragte eingesetzt, die ihre beruflichen Einkünfte ausschließlich dadurch erhalten, dass sie erfolgreich die Gebühren-, bzw. Beitragspflichtige dingfest machen. Bei erreichten Nachzahlungen erhalten sie **40% der Nachzahlungen**, ohne erfolgreiche Jagd erhalten sie dagegen keinen Cent[16]. Nach Art. 33 Abs. 4 GG sollen aber derartige Personen Angehörige des Öffentlichen Dienstes sein, damit sie bei ihrer Berufsausübung frei von eigenen Interessen sein können. Bei dem Konstrukt des Beauftragten besteht hingegen für diese ein existentielles Interesse, bestimmte Ergebnisse zu erhalten, nämlich möglichst viele Rundfunkanmeldungen für möglichst lange Nachzahlungszeiträume festzuschreiben. Das verstößt eindeutig gegen Art. 33 Abs. 4 GG und stellt für die Bürger eine regelrechte Bedrohung dar.

5.1.4 Verstoß gegen Art. 1 Abs. 1 und Art. 2 Abs. 2 GG

Art 1 Abs. 1 GG: Die Würde des Menschen ist unantastbar. Sie zu achten und zu schützen ist Verpflichtung aller staatlichen Gewalt.

Art. 2 Abs. 2 GG: Jeder hat das Recht auf Leben und körperliche Unversehrtheit. Die Freiheit der Person ist unverletzlich. In diese Rechte darf nur auf Grund eines Gesetzes eingegriffen werden.

Rückwirkende **An**-Meldungen sind zwar möglich, nicht aber rückwirkende **Ab**-Meldungen oder rückwirkende Gebühren- bzw. Beitragsbefreiungen. Das bleibt auch bei der Haushaltsabgabe so bestehen. Diese Regelung führte schon mehrfach dazu, dass ehemalige Obdachlose, die vergessen hatten, sich vor ihrer Obdachlosigkeit abzumelden,

---

[16] Bernd Höcker: „GEZ abschaffen!", Höcker Verlag

später für die Zeit ihrer Obdachlosigkeit nachzahlen mussten. Oft in ruinöser Weise, Jahre rückwirkend.

Es gibt nach dem Gesetz keine Befreiung wegen geringen Einkommens. Weder bisher noch bei der Neufassung. Entsprechende Rechtskommentare dringen geradezu darauf, dass der sog. Härtefalltatbestand sich nicht auf geringes Einkommen beziehen darf. Diese Kommentare sind verfasst von den Justitiaren der Rundfunkanstalten. Aber auch die Gerichte machen bei diesen menschenverachtenden und grundgesetzwidrigen Handlungen mit, wie in Kap. 4.2.1 beschrieben.

Auch die Ärmsten der Armen werden so zur Zahlung der Rundfunkgebühren verurteilt. Die Befreiungen werden abgelehnt! Sie müssen sich entweder in den elementarsten Dingen einschränken oder ihre Rundfunkgeräte abschaffen, womit wiederum ein Verstoß gegen die Informationsfreiheit des Art. 5 Abs. 1 (2. Halbsatz) bestünde. Bei der künftigen Haushaltsabgabe gibt es die zweite Möglichkeit nicht mehr. Nur als Obdachlose könnten sie sich künftig noch bei der Rundfunkanstalt abmelden. Wenn man den Wortlaut des Grundgesetzes ernst nimmt, tangiert dies ganz eindeutig die Würde des Menschen und das Grundrecht auf körperliche Unversehrtheit.

5.1.5 Verstoß gegen Art. 5 Abs. 1 Satz 1 (1. Halbsatz) und Abs. 1 Satz 2 GG

Art. 5 Abs. 1 Satz 1 (1. Halbsatz) GG: Jeder hat das Recht, seine Meinung in Wort, Schrift und Bild frei zu äußern und zu verbreiten..."

Art. 5 Abs. 1 Satz 2 GG: Die Pressefreiheit und die Freiheit der Berichterstattung durch Rundfunk und Film werden gewährleistet. Eine Zensur findet nicht statt.

Dieses Recht schließt das Recht der kritischen Äußerung ein und ist nicht nur für wohlwollende Stellungnahmen reserviert. Die Rundfunkanstalten nutzen aber ihre wirtschaftliche Macht, um gegen jede Art von Kritik massiv vorzugehen und Zensur auszuüben[17]. Beispiele:

- **Verbot des Zwangsanmeldeblogs.** Ich hatte mehr zwei Jahre ungehindert über meine Zwangsanmeldung berichtet und dabei die Schriftsätze des NDR-Justitiars sowie meine eigenen ungeschwärzt dokumentiert. Ich hatte gewissenhaft alle Tatsachen genau dargestellt und nichts verfälscht. Beleidigt hatte ich auch niemanden. Ich wollte zeigen, wie so eine Zwangsanmeldung abläuft und wie man sich dagegen wehren kann. Mit der Zeit geriet der NDR-Justitiar immer weiter ins Hintertreffen. Das erste Gerichtsverfahren vor dem Verwaltungsgericht verlor er. Und das neue Auskunftserzwingungsverfahren, das er gegen mich angezettelt hatte, lief ebenfalls schlecht für ihn. Immer mehr verwickelte er sich in eklatante Falschdarstellungen, die ich z.T. mit Hilfe von Fotos widerlegen konnte. Wie gesagt - über zwei Jahre konnte ich anstandslos berichten. Dann kam wie aus heiterem Himmel eine Abmahnung mit einem Gegenstandswert von **50.000 Euro** von seiner Anwaltskanzlei und dann Klage vor der Pressekammer des Hamburger Landgerichts gegen mich. Die freie Berichterstattung wurde unterbunden.

---

[17] http://www.gez-abschaffen.de/zensur.htm

- **Verbot umgangssprachlicher Wörter.** Die Internet-plattform akademie.de wurde 2007 wegen ihrer verwendeten Sprache von der GEZ abgemahnt. Wörter, die der GEZ unlieb waren, durften nicht mehr verwendet werden. Dabei auch so harmlose wie „GEZ-Brief". Der sollte stattdessen heißen: „Informationsschreiben der GEZ und/oder Schreiben, mit dessen Hilfe der gesetzliche Auskunftsanspruch des § 4 Abs. 5 RGebStV geltend gemacht wird". Das Wort „Zwangsanmeldung" sollte ganz untersagt werden. Auch das ein aggressiver Eingriff in die Grundrechte des Art. 5 GG.

- **Verbot der Bekanntgabe von Informationen.** Die GEZ möchte abkassieren. Die Bürger sollen aber möglichst dumm gehalten werden. Ich hatte in einer Frühstückssendung im Privatfernsehen kurz vor der Einführung der Gebühr für die „Neuartigen Rundfunkempfangsgeräte" auf die Konsequenzen dieser neuen Regelung hingewiesen. Der Privatsender wurde daraufhin mit einer Einstweiligen Verfügung von Seiten der ARD behelligt. Beanstandet wurden auch hier wieder wahre Tatsachenbehauptungen, die der ARD allerdings nicht passten. In zweiter Instanz unterlag die ARD zumindest weitgehend.

- **Abschottung von Informationen.** Obwohl es in den Bundesländern mittlerweile Informationsfreiheitsgesetze (IFG) gibt, weigern sich die Rundfunkanstalten, allgemeine Informationen herauszugeben - zum Beispiel Informationen darüber, unter welchen (standard-) vertraglichen Bedingungen die Gebührenbeauftragten arbeiten. Wie etwa Vergütungsregelungen oder Verhaltensvorschriften definiert sind. Man lässt sich sogar verklagen, obwohl die Herausgabe von Seiten der Datenschutzbehörde dringend empfohlen wurde (schließlich bekam ich die Unterlagen dennoch über den Umweg vom Berliner Beauftragten für Datenschutz und Informationsfreiheit). Die Anstalten wollen nicht, dass die Bevölkerung Einzelheiten über den Beauftragtendienst erfährt. Das nenne ich Zensur im Vorfeld! Bizarrerweise nehmen die Anstalten für die Zensur auch noch das Grundrecht der Rundfunkfreiheit - also ausgerechnet auch noch den Art. 5 GG - für sich in Anspruch! Die Grundrechte werden einfach auf den Kopf gestellt. Was denen nicht passt, wird, wie man so schön sagt, passend gemacht.

- **Menschen, die ihrem Ärger Luft machen, sollen ins Gefängnis.** Ein Rundfunkteilnehmer aus Mannheim, der sich über die schlechte Arbeitsweise der GEZ geärgert hatte, kam Aufgrund einer Anzeige des SWR tatsächlich ins Gefängnis, weil er angeblich die GEZ beleidig hätte. In einer Mail an die GEZ hatte er geschrieben: **„Sie sind ja keine Behörde, sondern ein privater Erpresserverein"**. Auch der NDR ist da nicht gerade zimperlich: Sechzig Tage Gefängnis sollte auf Antrag des NDR ein mit Recht genervter Bürger aus der Nähe von Bremen erhalten, weil er seine Wut in einem Schreiben an die Rundfunkanstalt ausdrückte. Im Strafantrag benannte der NDR-Justitiar folgenden „schweren" Tatvorwurf: Der Teilnehmer habe insbesondere den NDR als **„raffgierige Propagandaanstalt"** bezeichnet. Ich frage mich: Was ist der NDR denn sonst? In zweiter Instanz wurde der „Täter" jedoch freigesprochen. Er musste jedoch die Gerichts- und Anwaltskosten von über 2.000 Euro selber tragen. Ich kenne mittlerweile viele solcher unfassbaren Fälle!

- **Unterschlagung von Informationen, die den Anstalten unlieb sind.** Die Partei Mensch Umwelt Tierschutz (Tierschutzpartei) erreichte bei der U18-Wahl, im Zusammenhang mit der Bundestagswahl **5,2 %**. Sie wäre also bei dieser Testwahl für „Jugendliche unter 18" in den Deutschen Bundestag gekommen. Die Tierschutzpartei ist meines Wissens nach die einzige Partei in Deutschland, die sich explizit ohne Wenn und Aber gegen die Zwangsfinanzierung des öffentlich-rechtlichen Rundfunks ausgesprochen hat (s.a. Kap. 6.24). Bei der ZDF-Berichterstattung wurde dann auch über alles mögliche gesprochen, z.B., dass die Piratenpartei ins Parlament gekommen wäre. Nur die Tierschutzpartei wurde dabei vollkommen „vergessen" und irgendwo unsichtbar unter „Sonstige" subsumiert. Auch auf der mittlerweile gelöschten Internetseite des ZDF war dieser übel zensierte Bericht monatelang online zu bestaunen.

- **Wird Wikipedia ebenfalls von den Öffentlich-Rechtlichen kontrolliert?** Vor einiger Zeit schrieb mir ein Leser, dass es keine sieben Stunden gedauert hat, bis ein Link, den er bei Wikipedia unter dem Stichwort „GEZ" eingetragen hatte, wieder verschwunden war. Es handelte sich um einen Link zu gez-abschaffen.de. Seitdem habe ich mehrfach nachgeguckt: Mal war der Link wieder da und kurze Zeit später immer wieder weg. Schauen Sie doch selbst einmal nach[18]...!

---

[18] http://de.wikipedia.org/wiki/GEZ

- **Zensur des Wortlautes einer EuGH-Entscheidung.**
„Objektive Medien - dafür zahl ich meine Rundfunk-
gebühren!" Wer diesen Dummspruch aus der GEZ-
Werbung glaubt, sollte sich mal die beiden Videos auf
Youtube anschauen, in der die ARD über eine Rund-
funkentscheidung des EuGH in eigener Sache berichtet:
Teil 1: www.youtube.com/watch?v=L4A9xDrkdE8 Teil 2:
www.youtube.com/watch?v=xe-OnkMa5SY&feature=related

Näheres zu den oben genannten Beispielen finden Sie auf
meiner Webseite[19].

Die Freiheit des einen darf die Freiheit des anderen nicht
bedrohen oder zerschlagen. Sinn des Art. 5 GG ist es doch,
dass die Freiheit der Berichterstattung nicht nur die öffentlich-rechtlichen Rundfunkanstalten in Anspruch nehmen
können, sondern alle Menschen in diesem Land!

**Dass sich ausgerechnet die öffentlich-rechtlichen
Rundfunkanstalten mit ihren Gebührenmilliarden
und ihren Sonderrechten als die rücksichtslosesten
Zensoren in diesem Land betätigen und dabei Journalisten und andere Bürger zum Teil erheblich unter
Druck setzen, ist alleine schon Nachweis genug für
ihre Demokratiefeindlichkeit und für unser Recht
auf Widerstand!**

5.1.6 Verstoß gegen Art. 5 Abs. 1 Satz 1 (2. Halbsatz) GG

*Dort heißt es: „Jeder hat das Recht, ... sich aus allgemein zugängli-
chen Quellen ungehindert zu unterrichten."*

Rundfunk ist eine frei zugängliche Quelle und auch schon
die geräteabhängige Gebühr, die nicht in unmittelbarem

---

[19] http://www.gez-abschaffen.de/zensur.htm

Zusammenhang mit einer Leistung steht, war und ist ein unzulässiger Hinderungsgrund. Dies gilt umso mehr für die neue Haushaltsabgabe. Auch der Zugang zur Informationsquelle Internet wird schon seit 2007 durch die PC-Gebühr (erzwungener Sprachgebrauch: „Die gesetzliche Rundfunkgebühr für neuartige Rundfunkempfangsgeräte") in rechtswidriger Weise behindert.

So schreibt auch der Mainzer Ministerialdirigent Professor Dr. Siegfried Jutzi in der Ausgabe 6/2008 der Neuen Zeitschrift für Verwaltungsrecht, NVwZ (603, 608): „Die Rundfunkgebühr in ihrer gegenwärtigen Form verstößt - jedenfalls im digitalen Zeitalter der Konvergenz - gegen das Grundrecht der Informationsfreiheit. Eine freiheitliche, grundrechtsfundierte Gesellschaftsordnung verträgt keine - auch keine geringen - Abgaben für die Inanspruchnahme bürgerlicher Freiheiten, wenn es an einem sachlichen Konnex zwischen Finanzierungszweck und Freiheitsbetätigung fehlt."

Hier nun der das Widerstandsrecht einschränkende Teil:

5.2 „wenn andere Abhilfe nicht möglich ist"

Im Folgenden habe ich die Organe aufgeführt, von denen Abhilfe hätte kommen können. Diese Organe sind jedoch zum Teil vom Gesetzgeber bereits gegenüber dem öffentlich-rechtlichen Rundfunk derartig blockiert, dass sie selbst bei bestem Willen nicht in der Lage wären, unrechtmäßiges Handeln der Rundfunkanstalten oder der GEZ zu unterbinden. Andere Organe sind schlicht unwillig und gehören entweder zu den Profiteuren des Systems oder/und zu den Verursachern. Private Abhilfe, etwa durch die Presse wird

„Fünf Vorsätze für den Tag: Ich will bei der Wahrheit bleiben. Ich will mich keiner Ungerechtigkeit beugen. Ich will frei sein von Furcht. Ich will keine Gewalt anwenden. Ich will in jedem zuerst das Gute sehen."

(Mahatma Gandhi)

immer weiter zurückgedrängt. Der Presse drohen hohe zivilrechtliche Risiken, wenn sie kritisch über die Verfehlungen der öffentlich-rechtlichen Rundfunkanstalten berichtet.

Was die drei Staatsgewalten angeht, die sich in einem Rechtsstaat eigentlich gegenseitig zu kontrollieren haben, ist nun des öfteren zu beobachten, dass sich in Rundfunkgebührenangelegenheiten Legislative, Exekutive und Judikative gegenseitig die Bälle zuspielen und zusammen eine unheilige Allianz gegenüber den Bürgern gebildet haben.

Man gaukelt den Bürgern vor, dass der öffentlich-rechtliche Rundfunk „staatsfern" sei und begründet damit seine Unberührbarkeit. Entstanden ist dabei in den letzten Jahrzehnten ein Staat im Staat mit totalitären Machtstrukturen. Ein Staat im Staat, der den Ärmsten der Armen ihr Letztes nimmt und in dem die „Macher" leben wie die Herrscher des Mittelalters.

Wer könnte hier Abhilfe schaffen?

5.2.1 Keine Abhilfe durch den Gesetzgeber

Unsere Volksvertreter haben uns nicht nur diese ungerechte Gesetzgebung aufgenötigt, sondern sie verschärfen sie auch noch ständig zu unserem Nachteil. Erst kam die vollkommen unlogische Einbeziehung von Internetcomputern und Handys in die Gebührenpflicht und nun kommt der vorläufige neue Höhepunkt: die Haushaltsabgabe. Auch der Datenschutz wird gesetzlich zu Ungunsten der Bürger den Bedürfnissen der Rundfunkanstalten untergeordnet. Nach der „Meldedatenübermittlungsverordnung", welche die Meldeämter, in Verbindung mit der sog. Amtshilfeverpflichtung, zur Weitergabe von Bürgerdaten an die GEZ verpflichten, können nun auch von der GEZ vollkommen „legal" private Adressbestände aufgekauft werden, um damit Rasterfahndung[20] nach „Schwarzsehern" vorzunehmen. Das Gesetz zur Haushaltsabgabe erlaubt der GEZ darüber hinaus eine bundesweite Personendatei, wobei wir Bürger uns jedes mal bei der GEZ melden müssen, wenn wir die Wohnung oder das KFZ wechseln oder neu erwerben. Kurz: Der Gesetzgeber ist die Quelle des Übels. Von ihm ist keine Hilfe zu erwarten.

5.2.2 Keine Abhilfe durch das Bundesverfassungsgericht

Das Bundesverfassungsgericht hat u.a. die Aufgabe, die Gesetzgebung daraufhin zu überprüfen, ob diese mit der Verfassung vereinbar ist. Insbesondere die Grundrechte der Bürger haben vom BVerfG geschützt zu werden. Grundrechte, also die Artikel 1 bis 20 GG, sind nämlich Abwehrrechte der Bürger gegenüber dem Staat. Nun wurde den Rundfunkanstalten allerdings gemäß Art. 19 Abs. 3 GG Grundrechte zugebilligt, *„soweit sie ihrem Wesen nach anwendbar sind"*. Das bedeutet aber nicht, dass die Interessen der Rundfunkanstalten einen weitreichenderen Schutz in Anspruch nehmen dürfen, als die Interessen der Bürger, für welche die Grundrechte ja schließlich formuliert wurden. Das BVerfG hat in seiner Geschichte jedoch eine Rechtsprechung entwickelt, nach der sich die Wichtigkeit der Interessen umkehrt: Die Bürger haben sich den Interessen der Rundfunkanstalten und der GEZ zu unterwerfen. Die verschiedenen „Rundfunkurteile" des BVerfG belegen dies. Die Rundfunkanstalten dürfen alles, die Bür-

---

[20] http://www.gez-abschaffen.de/rasterfahndung.htm

ger dürfen nichts. Sie müssen gehorchen und brav die geforderten Gebühren zahlen. Vom BVerfG ist also auch keine Abhilfe zu erwarten. Im Gegenteil: Es macht schlechte Gesetzgebung im Rundfunkgebührenrecht regelmäßig immer schlimmer. Es zementiert Unrecht. Abhilfe von rechtsstaatsfeindlichen Tendenzen im deutschen Rundfunkwesen sieht definitiv anders aus.

5.2.3 Keine Abhilfe durch die ordentlichen Gerichte

Auch die einfache Rechtsprechung versagt in ihrer großen Mehrheit. Die Urteile, die in den meisten Einzelfällen gesprochen werden, sind so unsinnig, dass fast schon von Rechtsbeugung die Rede sein muss. Wenn beispielsweise ein Gericht eine junge Frau dazu verurteilt, für ihren vollkommen unbrauchbaren und ramponierten, 20 Jahre alten Fernseher, der die letzten 10 Jahre im Keller mit defekter Bildröhre vor sich hingammelte, Rundfunkgebühren zu zahlen, nenne ich das Willkür. Solche Urteile werden auch gefällt, wenn ein analoges Gerät wegen der Umstellung auf Digitalfunk nur noch Schnee empfängt, aber keinen Rundfunk.

Besonders deutlich wird die Menschenverachtung der Gerichte dann, wenn die wirtschaftliche Existenz von Menschen skrupellos zerstört wird, wie in dem Fall der zweifachen Mutter mit einem behinderten Kind und einem Monatseinkommen von 600 Euro, wie in Kap. 4.2.1 beschrieben. Auch von den einfachen Gerichten brauchen wir uns also keine wirkliche Abhilfe erhoffen, auch wenn in Einzelfällen zugunsten des Bürgers und nicht im Sinne der Geldgier von Rundfunkanstalten geurteilt wird.

5.2.4 Keine Abhilfe durch die Rundfunkanstalten selbst

Es versteht sich fast von selbst, muss aber der Vollständigkeit halber erwähnt werden: Von den Rundfunkanstalten haben wir nur feindliche Reaktionen zu erwarten, falls wir uns mit der Bitte um Abhilfe an sie wenden sollten. Umgangssprachlich ausgedrückt: Sie ziehen ihr Ding mit aller Macht durch. Immerhin geht es ja auch um viele Milliarden für die vielen eigenen Millionäre. Die nun fest etablierte Methode, Zwangsanmeldungen vorzunehmen, funktioniert ganz einfach nach dem Prinzip: „Sich an dem Bürger festbeißen und dann nie wieder loslassen, bis das Geld komplett eingetrieben wurde - egal was kommt!" - So auch geschehen bei der damals 86-jährigen, körperlich zu 100% behinderten Frau Schoen[21], die zum fraglichen Zeitpunkt der Forderung ihren Wohnsitz nicht in Deutschland, sondern in Spanien hatte, überhaupt keine Rundfunkgeräte besaß und zudem seit 1998 unbefristet das RF-Zeichen für Rundfunkbefreiung in ihrem Behindertenausweis trägt. Die Fäden zog damals die eigentlich als Kontrollinstanz fungierende, interne Datenschutzbeauftragte des RBB. Frau Schoen konnte nur durch akribisches Recherchieren und Eingreifen der freien Medien von den Häschern der GEZ befreit werden. Jede Menge weiterer Fälle sind auf meiner Webseite dokumentiert. Die Rundfunkanstalten sind also genau das Gegenteil von dem, was Abhilfe schaffen kann. Was allerdings auch niemanden wundern dürfte.

---

[21] http://www.gez-abschaffen.de/Faelle/Schoen/Schoen.htm

5.2.5 Keine Abhilfe durch Datenschutzbehörden und Rechtsaufsichten

Nur in den Bundesländern Berlin, Brandenburg (beide mit Rundfunkanstalt RBB), Hessen (HR) und Bremen (RB) haben zumindest Landesdatenschutzbeauftragte eine beschränkte Aufsichtsmöglichkeit gegenüber dem wirtschaftlich-administrativen Bereichen der jeweiligen Rundfunkanstalten. In den anderen Bundesländern kontrollieren die anstaltseigenen Beauftragten den Datenschutz allein. Aber selbst die Landesdatenschützer haben bei den Anstalten RBB, HR und BR nur begrenzte Möglichkeiten: Härteste Sanktion ist die „Beanstandung". Nicht gerade ein scharfes Schwert! Eingreifen dürfen sie nicht. Und sie dürfen auch - selbst bei groben Verstößen - keine Gerichte einschalten. Ansonsten gibt es noch die sog. Rechtsaufsicht, die i.d.R. durch die Staatskanzleien vorgenommen wird - ebenfalls ohne wirkungsvolle Eingriffsmöglichkeiten. Wirklich dazwischentreten tun sie daher eben auch nicht. Zu den Aufsichtsbehörden zählen abschließend noch die Medienanstalten der Bundesländer, allerdings kontrollieren diese nur die privaten Rundfunkanbieter, nicht die öffentlich-rechtlichen. Letztere rutschen also auch hier wieder durchs Kontrollraster. Datenschutzbehörden und Rechtsaufsichten bringen also systembedingt auch keine Abhilfe. Gut ausbaldowert von unseren Volksvertretern!

5.2.6 Keine Abhilfe durch Petitionsausschüsse

Die Bürger haben die Möglichkeit gegen Maßnahmen der Rundfunkanstalten oder gegen die Gesetzgebung Eingaben bei den Petitionsausschüssen der jeweiligen Landesparlamente zu machen. Nur was nützt es? Die Mitglieder der Petitionsausschüsse sind in Personaleinheit diejenigen, denen wir diese Zustände zu verdanken haben. Es sind die Täter selbst, die in diesen Ausschüssen sitzen und über ihr eigenes Verhalten zu richten haben! In den mir bekannten konkreten Fällen wurden die Bürger regelrecht verspottet und mit Tatsachenverdrehungen öffentlich (wenn auch anonymisiert) als Querulanten verunglimpft. An dem Beispiel des „Fitnessfalls" mit dem Petitionsausschuss Baden Württemberg kann man das sehr klar verfolgen, wie hier rumgetrickst wird.[22]

Leider sind Petitionsausschüsse auch nur das Feigenblatt für ein in Wirklichkeit totalitäres Rundfunksystem. Auch hier ist keine Abhilfe zu erwarten.

5.2.7 Keine Abhilfe durch „Volksentscheid" faktisch möglich

Volksentscheide sind nur mit Hilfe der Medien wirklich realisierbar. Allein der Infotisch in der Fußgängerzone reicht dafür nicht aus. Die Medien müssen die Anliegen der Initiatoren kommunizieren und einem breiten Publikum zugänglich machen. Selbst dann ist der Aufwand unverhältnismäßig hoch.

Es ist klar, dass man auf die Unterstützung der Öffentlich-Rechtlichen nicht hoffen kann. Diese unterschlagen Nachrichten sogar in einer Form, wie man sie eigentlich nur aus den alteingesessenen Diktaturen kennt. Das Beispiel der GEZ-kritischen Tierschutzpartei zeigt dies plastisch, die bei der U18-Wahl über 5% kam und damit sozusagen im „Parlament" gewesen wäre: Sie wurde in der Berichterstattung des ZDF einfach „weggezaubert" (s. Kap. 5.1.5).

---

[22] http://www.gez-abschaffen.de/Faelle/Fitness/OffeneEmailPetition.htm

Es ist ganz klar, dass die Öffentlich-Rechtlichen mit ihrem Propaganda-Apparat über die Meinungshoheit im Lande verfügen. Sie sind einfach zu mächtig, als dass man gegen sie publizistisch auf klassischem Wege ankommen kann. Und ein Volksentscheid würde mit so einem Gegenwind schon im Ansatz verhungern. Auch die privaten Medien haben wenig Mumm, gegen die mächtigen Monopolisten entschlossen aufzubegehren (s. Abschnitt 5.2.9). Keine Chance für Abhilfe.

5.2.8   Keine Abhilfe durch Polizei und Staatsanwaltschaft

Es gibt eine Menge systembedingter möglicher Straftaten der Bediensteten von Rundfunkanstalten gegenüber den Bürgern. Hierzu zählt z.B. der Klassiker „Hausfriedensbruch", wenn ein Beauftragter etwas zu forsch Einlass in eine Wohnung oder in die Geschäftsräume eines Unternehmens begehrt. Auch „Nötigung" oder „Beleidigung" könnten berufsbedingte Begleithandlungen sein. Immerhin müssen Gebührenbeauftragte ja ständig neue Schwarzgucker dingfest machen, um Geld zu bekommen und um nicht von der Anstalt gekündigt zu werden. Bei zu hohen Nachzahlungsforderungen kommt auch die Straftat „Gebührenüberhebung" in Frage[23].

Geht man jedoch mit so einem Sachverhalt zur Polizei oder schreibt eine Strafanzeige und einen Strafantrag an die Staatsanwaltschaft, erlebt man teils dreiste, mit Abstand betrachtet auch schon mal „lustige" Bescheide, die alle samt darauf hinauslaufen, dass Beauftragte oder interne Anstaltsmitarbeiter allzeit stets vorbildlich und edelmütig gehandelt haben. Wenn sich's die Justiz noch einfacher

---

[23] http://www.gez-abschaffen.de/paragrafen.htm

machen will, lässt man die Sache einfach verjähren, wie im „Fitnessfall"[24].

Eifrig und flink wie Windhunde sind die Strafverfolgungsbehörden jedoch, wenn mal ein genervter Bürger seinen Frust über die GEZ und die Rundfunkanstalt in einem Brief rauslässt: 60 Tage Knast wollte die Staatsanwaltschaft einem Rundfunkteilnehmer per Strafbefehl aufbrummen - für die liederliche Klassifizierung des NDR als „raffgierige Propagandaanstalt". Beleidigung der GEZ und der Anstalten ist ja auch endlich mal ein richtig schweres „Verbrechen", gegen das dieser Staat mit aller Härte vorgehen muss! Und eine radikale Disziplinierung dieser Tätergruppe trägt dazu bei, dass sich deutsche Bürger auch in Zukunft unterordnen.

Also, Polizei und Staatsanwaltschaft bringen keine Abhilfe, nur „lustige" Bescheide oder beklemmende Strafbefehle gegen die Bevölkerung.

5.2.9 Keine Abhilfe durch die privaten Medien

Wenn alles andere versagt, könnten doch die freien Medien die Aufgabe einer Überwachung des Verwaltungshandelns der GEZ und damit die Offenlegung von Missständen übernehmen. Eine freie Berichterstattung wäre zumindest ein gewisser Ersatz für eine wie auch immer geartete Abhilfe von Verfassungsverstößen, denn freie Berichterstattung ermöglicht eine offene Diskussion und einen öffentlichen Druck, derartige Verstöße künftig zu unterlassen.

---

[24] www.gez-abschaffen.de/Faelle/Fitness/Fitnessfall.htm#Generalstaatsanwalt

Leider sind auch viele freie Medien nicht besonders beiß-freudig, wenn es um die Öffentlich-Rechtlichen geht. Sie verfolgen oft andere Ziele als die Bürger: So bringen einige Privatsender sogar GEZ-Werbung, in der von „unabhängi-gen Medien", „Objektivität" und anderer Propaganda für die Anstalten die Rede ist. Große teure Anzeigen in Print-medien sorgen z.T. auch bei Zeitungen und Zeitschriften für eine erschreckende Ignoranz gegenüber den Proble-men, welche die GEZ hervorruft. Beispiel: die nichtssa-gende, aber sicherlich kostspielige Anzeigenkampagne „Mit dem Zweiten sieht man besser!". Bei so einer Lage ist an konsequenter Kritik an einem so guten Werbekunden kaum zu denken!

Freie Meinungsäußerung wird darüber hinaus per Zivil- und Strafrecht durch die Anstalten massiv unterbunden. Die öffentlich-rechtlichen Rundfunkanstalten gehören zu den aggressivsten Abmahnern und Unterlassungsklägern in Deutschland. Kein Journalist kann es sich leisten, für seine Berichterstattung noch nach Jahren mit hohen Gerichts-kosten belastet zu werden, denn das ist wie ein Fass ohne Boden. Wenn die offene Rede stirbt, stirbt die Demokratie. Berichterstattung unter Angst ist Ausdruck von Diktatur. Auch durch die Medien ist hier also keine Abhilfe möglich. (Siehe hierzu auch Kap. 5.1.5).

Es folgt nun der entscheidende Teil:

5.3 „haben alle Deutschen das Recht zum Widerstand"

Das ist der entscheidende Teil des Art. 20 Abs. 4 - nämlich die Rechtsfolge.

„Widerstand" ist wohl ein Begriff, der den meisten Men-schen Angst einflößt und Abneigungen erzeugt. Unabhän-

„Wenn Unrecht zu Recht wird,
wird Widerstand zur Pflicht"

(Bertolt Brecht)

gig davon, wie weit der Begriff „Widerstand" im Grundgesetz auch gemeint sein kann, meine ich damit friedliches Handeln, mit dem das verfassungswidrige System der GEZ und der Rundfunkgebühren/-beiträge untergraben und schließlich beseitigt werden kann. Die im folgenden Kapitel vorgeschlagenen Maßnahmen sollen bei Verantwortlichen des Systems zum Umdenken führen und den Bürgern Freiheit bringen.

6 Widerstand leisten - Gegenmaßnahmen ergreifen!

Widerstand ist dazu da, Sand ins Getriebe zu streuen. Widerstand muss Personal binden und Kosten verursachen. Widerstand zielt sowohl auf unmittelbare Ergebnisse, als auch auf längerfristigen Erfolg durch Zermürbung des Gegners. Und unsere Gegenmaßnahmen sollen uns natürlich nicht zuletzt von Zahlungen an diese rechtsstaatsgefährdende Organisation[25] befreien.

6.1 Einzugsermächtigung kündigen!

Im einem ihrer Geschäftsberichte gab die GEZ an, dass ein durchschnittliches Konto mit Einzugsermächtigung (Lastschriftverfahren) 0,80 Euro kostet. Insgesamt kostet ein durchschnittliches Konto (bezogen auf alle Konten zusammen) 3,08 Euro (jeweils pro Jahr). Rechnet man dabei nur die Konten heraus, die keine Einzugsermächtigung erteilt haben, kommt man für diese Konten auf immerhin

---

[25] Hierzu bitte die Argumente in Kap. 5.1 beachten!

17,02 Euro[26]. Die Kündigung der Einzugsermächtigung kommt der GEZ also ziemlich teuer zu stehen.

Um die Einzugsermächtigung zu kündigen, muss man sowohl einen Brief an die Bank schicken, als auch einen Einschreibebrief (mit Rückschein!) an die GEZ. Oder, was genauso gut möglich ist, einen normalen Brief plus ein Fax vorab. Damit die GEZ nicht sagen kann, es wäre nicht genug Zeit für die Umstellung der Zahlungsart gegeben, sollte man die Kündigung mindestens einen Monat vor Beginn der Umstellung vornehmen. Sollte die GEZ danach immer noch weiter abbuchen, kann man über die Bank das Geld zurückholen lassen. Wenn die GEZ dafür eine Bearbeitungsgebühr verlangen sollte, kann man diese Forderung getrost zurückweisen.

6.2 Nur noch mit Verrechnungsscheck bezahlen!

Ein betroffener Bürger sandte mir kürzlich folgende Mail:

„Hallo Herr Höcker,

der BR hat mir geschrieben, dass man in Zukunft keine Schecks mehr akzeptieren wird sondern Überweisungen wünscht. Der Scheck wurde per Datum heute eingelöst. Ich bin gespannt, wie es der BR rechtfertigen will, nur einmal einen Scheck anzunehmen, zumal zudem die ÖRR selbst Schecks für Zahlungen verwenden. Nun ja, der nächste Scheck geht auch an die GEZ. Offenbar kann man ja Schecks verarbeiten. Zumindest von Behörden ist ja bekannt, dass sie Zahlungen, gleich

---

[26] http://www.gez-abschaffen.de/Loesung.htm

auf welche Weise, nicht zurückweisen dürfen. Vor Gericht wäre auch schwer zu verargumentieren, weshalb man mich mahnt, wenn ich doch immer wieder Zahlungen zu leisten versuche. Zudem haben wir ja mit einem Massenverfahren zu tun und das sollte jede Zahlungsart unterstützen. Bei Leuten ohne Bankkonto müsste ja eigentlich auch eine Barzahlung möglich sein."

Hintergrund: In der Satzung des Bayerischen Rundfunks über das Verfahren zur Leistung der Rundfunkgebühren, § 5 Absatz 2 taucht die Möglichkeit der Zahlung per Scheck zwar nicht auf...:

> Der Rundfunkteilnehmer **kann** die Rundfunkgebühren auf folgenden Zahlungswesen entrichten:
> Nr. 1: Ermächtigung zum Einzug mittels Lastschrift,
> Nr. 2: Einzelüberweisung,
> Nr. 3: Dauerüberweisung.

Kann-Bestimmungen sind jedoch in Gesetzestexten die juristisch mildeste Form der Normierung. „Kann" bedeutet umgangssprachlich: kann gerne, muss aber nicht. Härtere Formen wären etwa „**ist** auf folgende Weise zu leisten" oder „**muss** wie folgt geleistet werden" - so heißt es aber nicht. Als Versandart reicht im Prinzip ein einfacher Brief, sogar ohne Briefmarke, da sich die GEZ kein Geld entgehen lässt und Schwund erheblich unwahrscheinlicher ist, als bei Abmeldungen oder Befreiungsanträgen. Die GEZ liebt Geld!

6.3 Unfreie Briefe an die GEZ senden!

Viele wissen es nicht: Briefe an die GEZ können auch ohne Briefmarke versandt werden, wie der folgende Ausschnitt aus einer Korrespondenz zwischen der GEZ und einem Geschädigten zeigt:

> Es besteht die Möglichkeit, die Antwort auf unsere Anschreiben unfrei an die GEZ zurück zu schicken.

Die Portokosten muss dann natürlich die GEZ aufbringen. Wir sparen also als Bürger Geld und brauchen darüber hinaus auch nicht knauserig damit zu sein, der GEZ nette Briefe zu schicken. Der Phantasie sind hier keinerlei Grenzen gesetzt. So könnten wir zum Beispiel der GEZ mehrmals wöchentlich unsere Meinung über sie schreiben oder einfach nur mal einen Gruß loswerden...

6.4 Schrottgeräte an die Rundfunkanstalt senden!

Bei Abmeldung der Rundfunkgeräte fordern die Rundfunkanstalten immer öfter Auskünfte darüber, wer denn künftig im Besitz der abgemeldeten Geräte sei - wen die GEZ also als neuen Gebührenzahler dingfest machen kann. Ein einfaches „Habe-das-Gerät-entsorgt" oder „Habe-es-verschenkt" reicht den Anstaltsjustitiaren heutzutage nicht mehr, obwohl sie es eigentlich akzeptieren müssten.

Daher mein Vorschlag: Mit der Abmeldung schickt man sein altes Gerät direkt an das Justitiariat der Rundfunkanstalt. Mit Schenkungsurkunde. Damit ist der Beweis erbracht, dass man selbst das Gerät nicht mehr besitzt und der Sachbearbeiter hat dann die absolute Gewissheit darüber, wer der neue Eigentümer und Besitzer des Corpus Delicti ist: nämlich er selbst. Mehr Klarheit geht nicht!

ACHTUNG: Wer Geräte verschickt und abmeldet, sagt damit, dass er bisher Geräte hatte. Genauso wie

beim Befreiungsantrag gilt auch hier: Wer kein „Teilnehmer" ist, lasse es lieber.

6.5   Spielräume nutzen - Zahlungen verzögern!

In § 9 Abs. 1 RfGebStV heißt es: „Ordnungswidrig handelt, wer vorsätzlich oder fahrlässig (...) ein Rundfunkgerät zum Empfang bereit hält und die fällige Rundfunkgebühr **länger als sechs Monate** ganz oder teilweise nicht leistet." Sechs Monate ist eine lange Zeit und wenn sich eine große Anzahl der Menschen diese Zeit nehmen, wird dies eine lange Durststrecke für die hochbezahlten Medienschaffenden bedeuten. Diese 6-Monats-Regelung befindet sich analog künftig im neuen Gesetz zum Rundfunkbeitrag in § 12.

Wenn sich diese Möglichkeit zum Beispiel über Facebook oder Twitter verbreitet und sich gleich zu Beginn des neuen Rundfunkbeitrags Millionen Menschen diese sechs Monate Zeit nehmen, könnte das System von vorn herein kippen. Also: Das erste halbe Jahr 2013 ist Zahl-Nix-Zeit. Oder noch besser: Ab sofort die Zahlungen für sechs Monate unterbrechen!

6.6   Formellen Antrag auf Ratenzahlung stellen!

Hierbei geht es auch um die Bindung von Ressourcen. Ein Antrag muss bearbeitet und formell beschieden werden. Man gibt im Prinzip etwa folgendes an: „Hiermit beantrage ich die Zulassung von Ratenzahlung für den Rundfunkbeitrag. Ich könnte monatlich max. 2 Euro zahlen. Mehr Geld habe ich einfach nicht, da ich sonst kein Essen mehr kaufen könnte!". Die Justitiare müssen daraufhin einen „Bescheid" erlassen, in dem wiederum eine Rechtsmittelbelehrung vorgeschrieben ist. Daraufhin legt man im Falle einer Zurückweisung Widerspruch ein und beschäftigt den Apparat erneut. Dem Widerspruch muss dann entweder abgeholfen werden oder es muss ein förmlicher Widerspruchsbescheid ergehen, gegen den man dann vor Gericht klagen könnte.

6.7 Befreiung nach Härtefallklausel beantragen!

Nach § 6 Abs. 3 RfGebStV bzw. § 4 Abs. 6 RBStV gibt es die Möglichkeit, die Gebührenbefreiung nach einer Härtefallregelung zu bekommen. Wie in der Praxis mit der sog. „Härtefall"-Regelung umgegangen wird, habe ich in Kap. 4.2.1 anhand eines Urteils beschrieben. Eine Befreiungsmöglichkeit wegen geringen Einkommens haben unsere Volksvertreter zum 1.4.2005 aus dem Gesetz genommen. Auch im Datenschutzbericht wird die ungenaue Regelung des Gesetzes kritisiert (s. Kap. 3.5.4).

Diese „Härtefallregelung" ist eine Farce,

> „... **weil sich die GEZ weigert, die Bestimmungen des Absatzes 3 [§ 6 RfGebStV] tatsächlich anzuerkennen und dafür konkrete Einzelfallprüfungen vorzunehmen. In Nordrhein-Westfalen ist nur ein einziger Fall bekannt, der von der GEZ als Härtefall primär anerkannt wurde.",**

so beklagte die Abgeordnete Inge Howe, MdL Nordrhein-Westfalen, bei einer Anhörung im brandenburgischen Landtag am 9.11.06. Also eine **einmalige** Anwendung dieser Regel zwischen dem 1.4.2005 und dem 9.11.2006 im größten deutschen Bundesland! Da bisher scheinbar keine geeigneten Fallgruppen für diese Regelung gefunden wurden, kann man ja einmal etwas kreativer sein. Für irgendwas müssen sich die Politiker doch so einen Härtefall vorgestellt haben!

Wenn, wie oben gezeigt, vollkommene Armut kein Härtefall darstellt, was denn sonst? Vielleicht, weil man fünf schreiende Kinder hat oder einen Hund, der immer dazwischenbellt, wenn die Glotze läuft? Besser: Es penetrant immer wieder mit geringem Einkommen oder auch hohen sonstigen Ausgaben versuchen. Man kann sich diese hohen Beiträge oder Gebühren schlicht und einfach nicht leisten, ohne dabei zu verhungern oder medial zu verkümmern! Gesetze müssen schließlich anwendbar sein und können nicht einfach durchgängig zu Lasten des Bürgers von den Gerichten ignoriert werden!

Also Antrag bei der Anstalt auf Gebührenbefreiung unter Anerkennung der Härtefallregel stellen, dann bei Ablehnung des Antrags Widerspruch und später Klage, wenn auch der Widerspruch negativ beschieden wird. Versuch macht klug! Vielleicht werden die Richter ja vernünftig, wenn immer wieder Fälle mit Anspruch auf Härtefallbehandlung bei ihnen auf dem Tisch landen! In Hamburg ist das Gerichtsverfahren bei Klagen auf Befreiung von der Rundfunkgebühr aus sozialen Gründen kostenlos. Am Besten bei Einreichung der Klage beim zuständigen Gericht fragen.

ACHTUNG: Ein Befreiungsantrag ist eine Rundfunkanmeldung!!! Wer noch kein „Teilnehmer" ist, sollte davon Abstand nehmen!

6.8 Auskunftserzwingungsverfahren mitmachen!

Klingt schlimm, ist aber harmlos: das Verwaltungsauskunftserzwingungsverfahren gem. § 4 Abs. 5 RgebStV bzw. § 9 Abs. 1 RBStV. Es wird dabei nicht mit Daumenschrauben oder mit der Streckbank gearbeitet, sondern nur mit der Androhung von Zwangsgeld und oftmals noch nicht mal das.

Wird also Auskunft verlangt, schweigt man und wartet ab, was passiert. Bei einer derartig unklaren Rechtslage ist Schweigen ohnehin das richtige Verhalten, denn wenn etwa freiwillig einem Beauftragten gegenüber Angaben gemacht werden, die auf eine Ordnungswidrigkeit schließen lassen, könnten diese Angaben in einem entsprechenden Ordnungswidrigkeitsverfahren gegen den Bürger verwendet werden.

Gall schreibt im Beck'schen Kommentar zum Rundfunkrecht, dass Angaben, die mit **Zwangmitteln** erwirkt worden seien, einem **Verwertungsverbot** bezüglich des Ordnungswidrigkeitsverfahrens unterlägen. Das Verwertungsverbot gelte jedoch nicht für Auskünfte, die „auf bloße Bitte gegenüber einem Beauftragten gemacht werden". Als Auskunftspflichtiger kann man also daraus schließen, dass man dem Beauftragten gegenüber keine Auskünfte erteilen sollte, sondern wartet, bis das Verwaltungszwangsverfahren von der Rundfunkanstalt in Gang gesetzt wurde.

Bekommt man also einen Brief mit einem förmlichen „Auskunftsverlangen", legt man Widerspruch ein. Wird der Widerspruch zurückgewiesen, könnte man klagen, was dann aber Kosten verursacht. Bis dahin ist zumindest noch alles kostenfrei. Ohne zu klagen bleibt folgendes: Man zahlt das evtl. festgelegte Zwangsgeld oder fängt an zu „singen".

Auskunftserzwingungsverfahren werden höchst selten durchgeführt! Mir ist in all den Jahren, in denen ich mich mit der Materie befasse, nur ein einziger Fall bekannt worden: Mein eigener. Bei mir hatte sich der NDR wohl dazu entschlossen, weil ich das Zwangsanmelde-Verfahren bis zur Zensur des NDR-Justitiars[27] vollständig dokumentiert hatte und der NDR mir mein unfügsames Verhalten nicht öffentlich durchgehen lassen wollte. Erst nachdem ich das erste Gerichtsverfahren gewonnen hatte, kam der NDR mit dem Auskunftserzwingungsverfahren. Also keine Angst vor einem solchen Verfahren - Schweigen ist Gold!

6.9 Zwangsvollstreckung über sich ergehen lassen!

Die dauerhafte Verweigerung von Zahlungen ohne rechtlichen Grund, ist illegal. Daher erwähne ich diese Möglichkeit auch nur ohne spezielle Empfehlung. **Zahlungsaufschübe bis zu 6 Monaten sind jedoch keine Ordnungswidrigkeit** (s. § 12 Abs. 1 Nr. 3 RBStV und § 12 Abs. 1 Nr. 3 RBStV)!

Was passiert bei Zahlungsverweigerung? Zunächst hagelt es Mahnungen von Seiten der Rundfunkanstalt. Irgendwann wird dann mit Säumnisgebühren gedroht, die dann auch beim nächsten Mahnschreiben berechnet werden. Früher oder später wird dann vor Zwangsvollstreckung gewarnt. Das alles zieht sich über viele Monate hin.

Sofern ein Vollstreckungstitel vorliegt, wird von der Anstalt je nach Bundesland z.B. das Finanzamt oder die Gemein-

---

[27] http://www.gez-abschaffen.de/meinezwangsanmeldung.htm

deverwaltung beauftragt, das Geld vor Ort einzutreiben. Vor der eigentlichen Zwangsvollstreckung muss dem Schuldner die Gelegenheit gegeben werden, die Forderungen des Gläubigers zu erfüllen. Bevor sich der Vollstrecker also auf den Weg macht, wird er noch eine entsprechende Ermahnung versenden. Es wird darauf hingewiesen, dass zusätzliche Vollstreckungskosten anfallen, wenn man nicht doch noch brav bezahlen sollte. Vollstreckungskosten sind in aller Regel aber ziemlich überschaubar. Es geht hier immerhin auch um Höheres! Sollte der Schuldner dennoch nicht leisten, wird sich der Beamte oder die Beamtin höchst persönlich zum Schuldner begeben und an der Tür schellen. Er oder sie begehren dann wahrscheinlich Zutritt zur Wohnung, um nach pfändbaren Dingen zu suchen oder sich Bargeld auszahlen zu lassen. Davor beschützt uns jedoch zunächst Art. 13 GG: die Unverletzlichkeit der Wohnung. Wie jeder andere Mensch dürfen nämlich auch Beamte nur mit Zustimmung des Wohnungsinhabers eine Wohnung betreten. Einfach eindringen wäre Hausfriedensbruch. Es wird also ein richterlicher Beschluss benötigt, den er oder sie erst noch besorgen muss. Also zurück zum Gericht und den Beschluss vom Richter ausfertigen lassen. Dann wieder zum Schuldner, der den Beamten nun allerdings Einlass gewähren muss, sonst wäre das Widerstand gegen die Staatsgewalt.

Für die Geldeintreiber ist es ein extrem hoher Aufwand, die säumigen GEZ-Kunden aufzusuchen und mit ihnen die Zahlungsmodalitäten auszuhandeln. Es gibt in Deutschland nur eine relativ geringe Anzahl von Vollstreckungsbeamten und die sind schon mit den klassischen Angelegenheiten ausreichend belastet.

Hinweis: Man könnte bei der Gelegenheit etwa auch eine Ratenvereinbarung treffen!

Zahlungsverweigerung ist das wirkungsvollste Mittel überhaupt! Sie trifft die öffentlich-rechtlichen Rundfunkanstalten in ihrem Mark und nimmt ihnen den tatsächlichen Grund ihres Daseins, nämlich viel, viel Geld einzunehmen und intern zu verteilen!

Wie gesagt: Erst ab 6 Monaten wird eine Ordnungswidrigkeit daraus!

6.10 Gebührenbeauftragte wegjagen!

Es ist klar, dass man sich den Gebührenbeauftragten vollkommen verweigert! Diese Menschen leben von einer Provision, die sie nur erhalten, wenn sie andere Menschen überführen, kein oder nicht genug Geld an die Rundfunkanstalt abgeführt zu haben. Sie erhalten für oft Jahrzehnte lange rückwirkend erzielte Nachzahlungen 40% der Summe und sind natürlich sehr erpicht auf einen entsprechenden Beutefang, zumal sie sehr schnell auch ihren Job loswerden, wenn sie erfolglos bleiben.

Ich habe in meinem Buch „Nie wieder Rundfunkgebühren!" sehr ausführlich über die zum Teil üblen Tricks dieser Leute geschrieben und Tipps gegeben, wie man sie erfolgreich abblitzen lässt. Da dieser Abschnitt recht umfangreich ausfällt, möchte ich ihn nicht in diesem Buch wiederholen. An diesem Phänomen der provisionsabhängigen Geldeintreiber ändert sich ja nichts, wenn der neue „Rundfunkbeitrag" kommt. Die Abwehr funktioniert dann auch genauso wie bisher.

Noch ein ganz aktueller Tipp: Ein neues Urteil[28] besagt, dass Hausverbote gegen Gebührenbeauftragte auch direkt an die GEZ gerichtet werden können. Man muss also nicht jeden einzelnen möglichen GEZ-Außendienstler persönlich anschreiben oder abmahnen.

6.11 Dateneinsicht einfordern!

Jede/r kann gem. der jeweiligen Landesdatenschutzgesetze Dateneinsicht einfordern. Die Rundfunkanstalten und die GEZ sind nach diesen Gesetzen verpflichtet, Auskunft darüber zu erteilen, welche Daten sie über ihre Teilnehmer gespeichert hat. Folgendes haben diese Institutionen an Sie zu übermitteln, wenn Sie dies einfordern:

- Art der Daten, die über Sie gespeichert sind
- Herkunft der Daten (sehr wichtig!)
- Zweck der Speicherung.

Diese Auskünfte sind für den Bürger kostenfrei.

Folgende Datenfelder werden von den Anstalten über ihre Teilnehmer verarbeitet :

> ★ Familienname ★ Vornamen ★ Geburtsdatum ★ Anschrift (Straße, Wohnort) ★ Branche ★ ggf. Name und Anschrift des gesetzl. Vertreters ★ Beginn und Ende des Bereithaltens von Rundfunkemp-fangsgeräten ★ Art,Zahl,Nutzungsart und Standort der Rundfunkempfangsgeräte ★ Rundfunkteilnehmernummer ★ Abmeldegrund ★ Zahlungsweise, ggf. Bankverbindung ★ Gebühren, Zuschläge, Zahlungen ★ Gebührenbefreiungen ★

---

[28] http://www.kostenlose-urteile.de/AG-Bremen_42-c-4310_GEZ-Mitarbeitern-kann-zeitlich-unbefristetes-Hausverbot-erteilt-werden-Einfaches-Schreiben-an-GEZ-genuegt.news10796.htm

Maßnahmen wegen Zahlungsrückständen * Ordnungs-
widrigkeitenverfahren * Hinweise auf Mailingmaßnah-
men * Schriftwechsel mit Teilnehmer

Sollte die Rundfunkanstalt auf die Anfrage nicht reagieren, kann man nach einem Monat schriftlich nachhaken und nach weiteren drei Monaten Untätigkeitsklage beim Verwaltungsgericht erheben.

6.12 Strafanzeige erstatten!

Auch wenn ich in Kap. 5.2.8 geschrieben habe, dass Strafanzeigen und Strafanträge in aller Regel juristisch ohne Folgen bleiben, möchte ich das an dieser Stelle relativieren. Ich habe mittlerweile sehr sichere Hinweise darauf, dass solche Strafanzeigen bei den Rundfunkanstalten nicht nur Unmut auslösen, sondern zu ausgesprochen unüberlegten Reaktionen führen[29]. Strafanzeigen sind notwendig, damit die Polizei und die Staatsanwaltschaften überhaupt von der Problematik erfahren. Man hilft damit also nicht nur sich selbst, sondern auch anderen Bürgern. Ein paar Anregungen für Strafanzeigen habe ich auf meiner Webseite vorbereitet[30].

6.13 Beschwerde an die Staatskanzleien!

In den Staatskanzleien werden im Allgemeinen die Rundfunkgesetze ausgebrütet, welche dann den Ministerpräsidenten und anschließend den Landesparlamenten zur Abnickung vorgelegt werden. Hier ist also eine sehr gute Anlaufstelle für Beschwerden über das Verhalten von Gebührenbeauftragten oder internen Mitarbeitern der Anstalten.

---

[29] www.gez-abschaffen.de/Faelle/Fitness/Fitnessfall.htm#Finale
[30] www.gez-abschaffen.de/Strafanzeigen.htm

Wichtig ist, dass die Staats- bzw. Senatskanzleien von dem Elend erfahren, das sie mit dem RfGebStV und dem RBStV anrichten. Man sollte unbedingt eine Antwort auf die Beschwerde verlangen!

6.14 Petitionsausschüsse beschäftigen!

Hier gilt etwa das gleiche, wie im vorigen Abschnitt: Es ist wichtig, die Petitionsausschüsse über Missstände zu informieren, auch wenn Petitionsausschüsse oft nicht hilfreich sind (wie in Kap. 5.2.6 beschrieben). Immerhin sitzen hier ja diejenigen, die derartige Gesetze und die damit verbundenen, unhaltbaren Zustände erst möglich gemacht haben. Petitionen in Rundfunkangelegenheiten gehören i.d.R. an die Petitions- bzw. Eingabeausschüsse der Landesparlamente gerichtet. Immer ausdrücklich einen Bescheid einfordern! Die Ausschussmitglieder sollen zumindest ein wenig Arbeit mit ihren selbstverfassten Unrechtsgesetzen haben und unter Rechtfertigungsdruck stehen.

6.15 Offene Emails an verschiedene Adressen!

Offene Emails haben einen schönen Effekt: Sie erreichen den Adressaten gleichzeitig mit denen, die ebenfalls lesen sollen, was man dem Adressaten zu sagen hat. Und genau das sieht der Adressat auch sofort, denn die Mitleser stehen alle in der sichtbaren CC-Zeile der Email.

Die „Offene Email" ist etwas ähnliches wie ein Offener Brief, nur um ein vielfaches effektiver und zugleich billiger und einfacher. Jeder kann das. Für einen Offenen Brief braucht man immerhin die Möglichkeit, diesen zu veröffentlichen, also eine Zeitung oder zumindest eine eigene, gut besuchte Internetpräsenz. Die Offene Email dagegen funktioniert auch ohne dem. Eine Offene Email eignet sich besonders für Auseinandersetzungen mit großen Institutionen wie etwa einer Rundfunkanstalt.

Praktisch funktioniert das so: Man schreibt eine Email, in welcher man in die „An"-Zeile den eigentlichen Adressaten vermerkt, z.B. den Intendanten. Intendanten können sich nicht darüber beklagen, dass man ihren Namen auf diese Weise öffentlich macht. Intendanten sind unmittelbare Personen der Zeitgeschichte. Dann kommt in die für jeden Empfänger ebenfalls voll einsehbare Zeile „CC" (Carbon Copy) eine Liste mit Emailadressen von Personen, die mit der Rundfunkanstalt in irgendeiner Beziehung stehen. Die Liste sollte so lang wie irgend möglich sein und viele einflussreiche Personen umfassen. Es könnten z.B. Personen in Aufsichtsbehörden sein oder auch Verbraucherzentralen, Politiker und Parteien, auf dem speziellen Gebiet tätige Vereine oder die Presse. In die nicht einsehbare „BCC"-Zeile (Blind Carbon Copy) kann man noch Freunde und sich selbst eintragen. Meistens muss die „BCC"-Zeile vom Programm erst noch aktiviert werden.

In dieser Mail kritisiert man detailliert das Vorgehen der Institution oder das persönliche Vorgehen des Adressaten selbst. Intendanten sind als Behördenleiter immer für das verantwortlich, was in der Behörde gemacht wird. Ganz wichtig dabei ist, dass man weder beleidigend wird, noch unbewiesene Tatsachenbehauptungen aufstellt. Immerhin ist eine Offene Email ja eine Veröffentlichung!

Ich selbst hatte einmal eine Offene Email an den angeblich „unabhängigen" Datenschutzbeauftragten des SWR geschickt, in der ich ihn dafür kritisierte, sich in (meiner Meinung nach) unzulässiger Weise in ein Gerichtsverfahren eingemischt zu haben. In die „CC"-Zeile hatte ich einige Landesdatenschutzbeauftragten, Transparency International, einige Politiker u.v.a. gesetzt. Insgesamt rund 80 Adressen. Außerdem hatte ich die Mail auf meiner Webseite veröffentlicht[31].

6.16 Zulassung als Rundfunkveranstalter beantragen!

Jetzt wird es etwas komplizierter. Nach § 5 Abs. 6 Nr. 1 RBStV wird den „nach Landesrecht zugelassenen privaten Rundfunkveranstaltern oder -anbietern" **per se die Befreiung von der Zahlung des Rundfunkbeitrags** gewährt. Die Zulassung ist Ländersache und kann überall erfolgen, also auch in einem fremden Bundesland. Man kann also theoretisch die Anmeldung mehrfach in allen Bundesländern versuchen. Ich hatte mich schon vor einigen Monaten darum bemüht, für meinen „Neuartigen Rundfunksender" HASEL-TV.de eine Zulassung zu bekommen. Die Reaktion mehrerer Medienanstalten erfolgte nach dem Prinzip: „So etwas geht nun gar nicht! Da könnte ja jeder kommen!". Jede Landesmedienanstalt hat in Deutschland ihre eigenen Kriterien. In Hamburg wurde mir die Anmeldung schon dadurch vermiest, dass eine erfolgte Zulassung zwischen 5.000 und 100.000 Euro kosten würde und eine Ablehnung immerhin noch die Hälfte. In Baden-Württemberg existiert zwar die Möglichkeit einer Test-Anmeldung für wenige Hundert Euro, von dort bekam ich jedoch als Absagebegründung zu lesen, dass man mir Rundfunk nicht zutraue. Das fand ich ziemlich frech! Ich frage mich, warum man überhaupt den Staat um Erlaubnis fragen muss, wenn man über das Internet Rund-

---

[31] www.gez-abschaffen.de/Faelle/Fitness/Fitnessfall.htm #OffeneEmail

funk machen will! Die Freiheit des Art. 5 GG ist damit wieder einmal eingeschränkt worden! Ich selbst habe die Sache nicht gerichtlich durchgekämpft, weil ich dazu nicht die finanziellen Mittel besitze.

Man sollte sich zusammenfinden und das Verfahren gemeinsam durchführen! Damit würde man einen Damm durchbrechen!

6.17 Querdenken und -handeln: RfGebStV und RBStV sind nichtig!

Es gibt mehrere Gründe, warum der RBStV nichtig ist und damit auch die Pflicht zur Zahlung von Beiträgen an die Rundfunkanstalten entfällt. Diese Tatsachen kann man direkt in Schriftsätzen mit der Anstalt vortragen oder/und sich - wie im Kap. 6.20 beschrieben - mit einer Beschwerde an das Verfassungsgericht wenden. Wenn man die Argumente für seine Schriftsätze verwenden will, sollte man stur bleiben und nicht sofort klein beigeben, wenn sich die Anstalten herauszuwinden versuchen. Anstaltsjustitiare sind stur, wir müssen ebenfalls stur sein.

Ein Beispiel: Rundfunkgebühr und Rundfunkbeitrag sind Eingriffe in das grundgesetzlich verbriefte Recht, „sich aus allgemein zugänglichen Quellen **ungehindert** zu unterrichten" (Art. 5 Abs. 1 GG). Sofern per Gesetz in ein Grundrecht eingegriffen wird, muss dieses Gesetz das eingeschränkte Grundrecht explizit benennen (Zitiergebot des GG Art. 19 Abs. 1 Satz 2). Der Absatz lautet:

> „Soweit nach diesem Grundgesetz ein Grundrecht durch Gesetz oder auf Grund eines Gesetzes eingeschränkt werden kann, muss das Gesetz allgemein und nicht nur für den Einzelfall gelten. **Außerdem muss das Gesetz**

das Grundrecht unter Angabe des Artikels nennen."

Diese Benennung ist aber weder beim RfGebStV noch beim RBStV gemacht worden. Darauf, dass der Eingriff in Art. 5 GG durch eine wie auch immer genannte oder geartete Gebühr verfassungswidrig ist, hatte ich bereits in Kap. 5.1.6 unter Hinweis auf ein Zitat von Jutzi hingewiesen: „Ungehindert" ist **ungehindert** und nicht durch finanzielle Hürden **behindert**.

Es gibt außerdem mehr oder weniger skurrile Gründe dafür, dass die „Bundesrepublik Deutschland" als Staat überhaupt nicht existiert und seine Gesetze damit keine Gültigkeit haben. Ein gewisser Herr Sürmeli (er nennt sich selbst „Hochkommissar für Menschenrechte") hat sich intensiv mit dieser Materie beschäftigt und bietet unter seiner Internetadresse („Deutsches Amt für Menschenrechte")[32] Argumente und sogar fertig formulierte GEZ-Abmeldeschreiben an. Somit braucht man sich das Abmeldeschreiben von Herrn Sürmeli nur herunterzuladen und ausgefüllt an die Rundfunkanstalt zu schicken, ohne sich in die juristische Materie einarbeiten zu müssen.

Herr Sürmeli hat diverse Argumente zusammengestellt, mit denen er seine Thesen untermauert. Da diese juristisch ziemlich heikel sind, wären tiefergreifende Ausführungen dazu für dieses Buch nicht angemessen. Googeln Sie einfach nach *Menschenrechte Sürmeli*, um zu weiteren seiner Webseiten zu gelangen oder eines der Interviews mit ihm anzuhören und zu betrachten. Was ich unter anderem bemerkenswert finde, ist, dass er schon seit Jahren so auftritt,

---

[32] z.B. http://www.deutsches-amt.de

als wäre er tatsächlich ein „Amt", eine internationale Institution, die Macht und offizielle Legitimität hat (und sogar Pässe ausstellt!), ohne dass er daran von irgend jemanden gehindert wird.

Ich selbst habe mich bisher mit der Verbreitung seiner Argumente zurückgehalten. Erstens, weil ich sie nicht verstehe und zweitens, weil sie mir teilweise doch etwas abstrus vorkommen. Gleichwohl halte ich es für eine interessante Idee, die Rechtmäßigkeit von Gesetzen - in diesem Fall des Rundfunkstaatsvertrages - mit diesen Argumenten anzuzweifeln und aus diesem Grunde jede sich daraus ergebene Zahlungspflicht zurückzuweisen. Vielleicht sollte man hier einmal von den Rundfunkjustitiaren lernen und so mit denen umgehen, wie die mit uns umgehen: Einfach an einer Sache festbeißen und nicht wieder loslassen! Also einfach drauf beharren, dass die Bundesrepublik nicht existiert und man sich an den RBStV nicht gebunden fühlt. Klingt etwas schräg, soll aber wirkungsvoll sein. Es wäre ja schon ein schönes Ergebnis, wenn die Justitiare sich schriftlich auf Gewohnheitsrecht o.ä. berufen müssten. Ich habe von Herrn Sürmeli erfahren, dass durchaus überraschende Erfolge erzielt wurden und dass man die Betroffenen daraufhin in Ruhe gelassen habe! Versuch macht also klug und schaden kann man sich damit nicht!

6.18 Aktionskunst! - Nicht nur für die Freunde von Joseph Beuys!

Sehr gut eingeführt bei Kunstkennern und NDR-Mitarbeitern hat sich das Aktionskunstwerk „Käse für den NDR!". Ich habe dieses Werk in Anlehnung und in Gedenken an den großen Kunstprofessor Joseph Beuys (1921 bis 1986) geschaffen und die Menschen in diesem Lande

zum Mitmachen aufgefordert. Beuys hatte seinerzeit großen Erfolg mit seiner Aktion, der Stadt Kassel 7000 Basalt-
Blöcke auf einen zentralen Platz zu liefern, mit der Maßgabe, dass für jeden Block ein Baum gepflanzt werden müsse.
Er löste damit Denkprozesse aus und schließlich wurden
die Bäume auch tatsächlich zusammengetragen und einge-
pflanzt.

Mit der Kunstaktion „Käse für den NDR!" verfolge ich u.a.
drei Bewusstwerdungsziele:

1. Das erste Ziel der Kunstaktion dient der gerechten Ge-
   bührenschuldbegleichung! Es soll symbolisch versucht
   werden, dem NDR den gleichen Käse zurückzusenden,
   den er täglich über seine Kanäle an die Bürger sendet
   und auch den übelriechenden Käse, den seine Justitiare
   verzapfen! Motto: Käse mit Käse vergelten!

2. Zweites Ziel der Kunstaktion dient dem Gewahrwerden
   des symbolischen Geruches von Zensur, Diktatur und
   Unfreiheit! Es soll sich in den Fluren und den Büros
   der feudalen Rundfunkfürsten ein Geruch breit machen, wie ihn die Untertanen (also wir) in Form von
   Zensur, Diktatur und Unfreiheit wahrnehmen. Die
   neuen Herren sollen den Gestank einatmen, den sie
   selbst verbreiten! Auslöser dieser Kunstaktion war nämlich ursprünglich eine Maßnahme übelster gerichtlich
   durchgeführter Zensur durch den Justitiar des Nord-
   deutschen Rundfunks. Wegen Nennung seines werten
   Namens[33].

3. Und schließlich drittens soll schon einmal ein sinnlich
   erfassbares Feedback für die neue Haushaltsabgabe,

---

[33] http://www.gez-abschaffen.de/meinezwangsanmeldung.htm

bzw. den sog. Rundfunkbeitrag erzeugt werden. Stinkt es vielleicht den Menschen, dass sie nun alle einen Teil des Verdienstes aus ihrer ehrlichen Arbeit an die Rundfunkmillionäre abgeben zu müssen? Dass sie nun, genauso wie Sklaven früherer Jahrhunderte, für ein paar absolut verzichtbare, aber mitessenden Lichtgestalten arbeiten müssen? Ich denke ja, es stinkt ihnen.

So wird' gemacht: Einfach einen Briefumschlag mit folgender Adresse versehen:

NDR
Justitiariat
Rothenbaumchaussee 132
20149 Hamburg

Anschließend eine Scheibe Käse in den Briefumschlag stecken, <u>ausreichend frankieren</u> (was in diesem Fall sinnvoll ist, damit der anrüchige Brief nicht von vornherein zurückgewiesen wird) und ab damit in den Postkasten. I.d.R. reicht eine 90 Cent-Marke.

Wer will, kann statt „Justitiariat" auch schreiben: „Abt. Rundfunkgebühren" oder „**Persönlich - Intendant Lutz Marmor**". Besonders Herr Marmor ist ja als Intendant ein Feingeist und sehr an Kunst interessiert! Auch die NDR-Personalabteilung freut sich über Käsebriefe! Wer Käse produziert, bekommt auch Käse zurück. Gleiches wird also mit Gleichem vergolten. Das ist gerecht.

Hier noch mal eine wissenschaftliche Erklärung: Der Geruchssinn ist eng mit unserem Gehirn verbunden und nimmt Einfluss auf unser Denken und tun, wie sonst kein anderer unserer Sinne. Die nachstehende Beschreibung macht das deutlich. Einfacher und genauer könnte ich das auch nicht formulieren, daher zitiere ich wörtlich:

> „Die folgenden Verbindungen stehen vor allem für die emotionale Komponente der Geruchswahrnehmung: Vom Bulbus olfactorius über die Stria lateralis kommt es zu einer Verbindung mit der Amygdala, dem lateralen Hypothalamus, anschließend dem basalen Vorderhirn und dem orbitofrontalen Cortex. Ebenso gibt es Projektionen über die Stria medialis zum Tuberculum olfactorium und weiter zum Septum. Dieser Schaltkreis ist vor allem für die Vermittlung des Gefühls zuständig, das wir empfinden, wenn wir einen Duft riechen. Besonders die Amygdala ist an der Vermittlung von Gefühlen beteiligt, das basale Vorderhirn und der orbitofrontale Cortex spielen bei motivationalen Funktionen eine Rolle. Informationen, welche mit Emotionen verknüpft sind, lassen sich besser lernen, da sie zum einen explizit über das semantische Gedächtnis gespeichert sind, aber über die Emotionen auch implizit über das episodische Gedächtnis."[34]

„Käse für den NDR!" ist also ein sehr lehrreiches Aktionskunstwerk! Also mitmachen! Mehrfachbriefe steigern den Erfolg der Aktion!

6.19 Der heutige Königsweg: Geräte abmelden!

Noch geht das. Noch haben wir diese Fluchtmöglichkeit, auch wenn die Flucht von den Anstalten immer weiter erschwert wird. Wir sollten diesen Ausweg also nutzen, solange es geht, also solange es die gute alte Rundfunkge-

---

[34] Quelle: http://de.wikipedia.org/wiki/Geruchssinn

bühr noch gibt[35]! Im Gegensatz zum Erhalt der Gebühren-befreiung ist das Abmelden kein „Antrag". Genauso wie die Anmeldung handelt es sich bei der Abmeldung um eine Wissenserklärung. Man gibt bei der Abmeldung bekannt, dass man sozusagen „weiß", dass man keine Rundfunkgeräte mehr zum Empfang bereit hält. Nur wer Rundfunkgeräte zum Empfang bereit hält, ist nach dem alten Gesetz - also bis 2013 - rundfunkgebührenpflichtig. Wenn man nett sein will und um späteren Ärger zu vermeiden, kann hinzugefügt werden, dass man die Geräte aus Verzweiflung über das unterirdische Programm zertrümmert und auf die Müllkippe verbracht hat oder dass man alles einem armen Menschen geschenkt hat. Was auch immer. Es kann nicht von einem verlangt werden, zu sagen, an wen man die Geräte verschenkt hat. Das wäre eine Datenauskunft über Dritte. Ich hatte ja im Abschnitt 6.4 schon einen Vorschlag gemacht, wie die Neugier der Rundfunkleute bezüglich des Verbleibs der abzumeldenden Geräte auf jeden Fall befriedigt werden kann. Die Abmeldung ist immer erst frühestens zum nächsten Monat gültig und muss unbedingt in der Form Einschreiben mit Rückschein erfolgen, um „Schwund" zu vermeiden.

Vorsicht: Es soll angeblich Leute geben, die melden ihre herkömmlichen oder neuartigen Geräte bei der GEZ ab, obwohl sie diese nach wie vor zum Empfang bereit halten! So etwas wäre illegal und ich darf es nicht empfehlen und erst recht nicht dazu anstiften. Davon distanziere ich mich.

---

[35] Ausführlich in: Bernd Höcker: „Nie wieder Rundfunkgebüh-ren!"

6.20 Verfassungsbeschwerde einreichen!

Dies ist eigentlich gar keine Form des „Widerstandes", sondern ein normaler Akt im Sinne unseres Rechtssystems. Trotzdem halte ich diesen Weg für sinnvoll, obwohl unser (Bundes-) Verfassungsgericht bisher jede noch so schräge Forderung des öffentlich-rechtlichen Rundfunks abgesegnet hat. Es sollte eine zusätzliche Möglichkeit sein, die Folgen des RBStV abzuwehren.

Die Möglichkeit von Verfassungsbeschwerden beruht auf Art. 93 Abs. 1 Nr. 4a GG. Dort heißt es:

„Das Bundesverfassungsgericht entscheidet: ... über Verfassungsbeschwerden, die von jedermann mit der Behauptung erhoben werden können, durch die öffentliche Gewalt in einem seiner Grundrechte oder in einem seiner in Artikel 20 Abs. 4, 33, 38, 101, 103 und 104 enthaltenen Rechte verletzt zu sein."

Es können also neben den eigentlichen „Grundrechten" (Art. 1-19) auch Verstöße gegen die aufgelisteten weiteren Artikeln angegriffen werden. Bis zu einer Frist von einem Jahr nach dem Inkrafttreten eines neuen Gesetzes kann jeder Bürger Verfassungsbeschwerde gegen das Gesetz beim Bundesverfassungsgericht (BVerfG) und in einigen Bundesländern auch bei dem jeweiligen Landesverfassungsgericht einreichen. Das Schöne daran ist, dass dafür kein Anwalt zwingend vorgeschrieben ist (kein Anwaltszwang) und das Verfahren kostenlos ist. Man sollte sich allerdings ein wenig mit Verfassungsrecht auskennen, um die Beschwerde angemessen zu begründen. Überzeugend dargelegt werden muss nämlich, warum der Rundfunkbeitragsstaatsvertrag die **eigenen** Grundrechte verletzt. Es muss also explizit auf die Verletzung der **eigenen** Grundrechte verwiesen werden und nicht auf irgendwelche allgemeinen Ungerechtigkeiten. Eine Ausnahme bildet hier der Bayerische Verfassungsgerichtshof, bei dem auch eine sog. **Popularklage** zulässig ist. Das bedeutet, dass der Bürger auch Verfassungsbeschwerde einlegen kann, wenn er selber gar nicht betroffen ist.

Die Landesverfassungsgerichte haben nicht nur in den Bundesländern unterschiedliche Namen, sondern auch unterschiedliche Zulassungsvoraussetzungen. Die Namen sind:

> Staatsgerichtshof für das Land Baden-Württemberg, Bayerischer Verfassungsgerichtshof, Verfassungsgerichtshof des Landes Berlin, Verfassungsgericht des Landes Brandenburg, Staatsgerichtshof der Freien Hansestadt Bremen, Hamburgisches Verfassungsgericht, Staatsgerichtshof des Landes Hessen, Landesverfassungsgericht Mecklenburg-Vorpommern, Niedersächsischer Staatsgerichtshof, Verfassungsgerichtshof für das Land Nordrhein-Westfalen, Verfassungsgerichtshof Rheinland-Pfalz, Verfassungsgerichtshof des Saarlandes, Verfassungsgerichtshof des Freistaates Sachsen, Landesverfassungsgericht Sachsen-Anhalt, Schleswig-Holsteinisches Landesverfassungsgericht, Thüringer Verfassungsgerichtshof.

Die Zulassungsvoraussetzungen für Verfassungsbeschwerden reichen von gänzlich unzulässig (Hamburgisches Verfassungsgericht) bis hin zu dem Bayerischen Verfassungsgerichtshof, wo nicht nur für die eigenen Rechte gefochten werden kann, sondern für das Recht selbst. In den Bundesländern, in denen keine landesrechtliche Verfassungsbeschwerde möglich ist, muss man sich an das BVerfG wenden. Ansonsten hat man die Wahl.

Bei der Beschwerde gegen Gesetze muss der Beschwerdeführer i.d.R. **keinen** Rechtsweg beschritten haben, sondern wendet sich direkt an das Verfassungsgericht. Es könnte jedoch der Fall eintreten, dass das Bundesverfassungsgericht oder eines der Landesverfassungsgerichte dem Bürger zumutet, zuerst gegen den neuen Rundfunkbeitrag vor der Verwaltungsgerichtsbarkeit zu klagen. Das ist in dieser Sache aber relativ unwahrscheinlich, da es sich hier um eine Beschwerde von allgemeiner Bedeutung handelt, durch die auch eine große Anzahl anderer Fälle mit entschieden werden kann. Der zuständige Senat des BVerfG bzw. der Senat des Landesverfassungsgerichts überprüft alle in Frage kommenden Grundrechte, also nicht nur die vom Beschwerdeführer angeführten. Das hat den Vorteil, dass bei ihrer Beschwerde auch juristische Laien zumindest nicht vollkommen auf sich allein gestellt sind.

Ein paar Beispiele für Beschwerden:

- Verstoß gegen da Zitiergebot des Art. 19 Abs. 1 GG. Der RBStV und der RfGebStV verstoßen gegen Art. 5 Abs. 1 GG, also gegen das Grundrecht, sich aus allgemein zugänglichen Quellen zu unterrichten. Dies hätte im RBStV genau als Grundrechtseingriff vermerkt werden müssen, was nicht geschehen ist (s.a. Kap. 6.17).

- Verstoß gegen Art. 33 Abs. 4 sowie Art. 5 Abs. 1 GG. Unabhängig davon, dass der Einsatz von selbstständigen, provisionsabhängigen „Beauftragten" bereits einen Grundgesetzverstoß darstellt, würde dies den Eingriff in Art. 5 als Grundrecht, sich ungehindert usw. informieren zu können, natürlich auch tangieren, wenn Entscheidungen der Rundfunkanstalten unter Verstoß gegen Art. 33 Abs. 4 GG zustande kämen. Dass im RBStV die Beauftragten nicht ausdrücklich genannt sind, ist dabei nicht sonderlich problematisch. § 11 Abs. 1

RBStV ist ja wortgleich mit dem bisherigen § 8 Abs. 1 RfGebStV, der die Tätigkeit der Beauftragten legitimiert. Insofern sind sie ja als "Dritte" genannt. Außerdem könnte man eben damit argumentieren, dass auch die Bediensteten der Anstalten selbst nicht in einem öffentlich-rechtlichen Dienst- und Treueverhältnis stehen, da sie ja keine Beamten sind. Art. 93 Abs. 1 Nr. 4a GG verweist ausdrücklich auch auf Art. 33 GG (s. weiter oben).

- Verstoß gegen das Sozialstaatsgebot des Art. 20 Abs. 1 GG. Die Ärmsten der Armen müssen den gleichen Betrag entrichten, wie Multimillionäre. Außerdem finanzieren die Ärmsten der Armen auch noch mit ihrem Geld die Millionen-Gagen der Fernsehmacher.

- Obwohl ausländische Autofahrer, die nicht rein privat in Deutschland unterwegs sind, nach dem Gesetz, bei der Durchfahrt durch Deutschland oder gar bei einem längeren Aufenthalt ihr Kraftfahrzeug zum Zwecke des Beitragseinzugs bei der GEZ anzumelden haben, wird dies vom Staat generell nicht durchgesetzt. Da dies vom Gesetzgeber auch gar nicht beabsichtigt war, ist das ein Verstoß gegen den Gleichheitsgrundsatz des Art. 3 Abs. 1 GG.

Anregungen für weitere Begründungen entnehmen Sie bitte Kapitel 5. Hält das BVerfG eine Verfassungsbeschwerde für begründet, wird das gerügte Gesetz für nichtig erklärt. In unserem Fall der RBStV. Es sollten möglichst viele Bürger in möglichst vielen Bundesländern Beschwerde einreichen, um die Wahrscheinlichkeit eines Beschwerdeerfolges zu erhöhen. Es reicht nämlich aus, wenn in **einem einzigen Bundesland** das Zustimmungsgesetz zum

RBStV wegen dessen Verfassungswidrigkeit für nichtig erklärt wird. Dann ist der gesamte Staatsvertrag nichtig.

6.21 Den Rechtsweg beschreiten!

Auch dies ist natürlich letztlich keine „Widerstandshandlung" im eigentlichen Sinne, nur gehört dieser Weg trotzdem zu einer umfassenden Abwehrstrategie. Man wehrt damit den akuten, belastenden Eingriff der Rundfunkanstalt ab und tut daher in jedem Fall etwas notwendiges. Es macht den Justitiaren außerdem Arbeit und kostet der Rundfunkanstalt wertvolle Zeit. In diesem Fall spielt nämlich die Zeit für den Bürger, der seine Zahlung dadurch zumindest aufschieben kann.

Eine neue Rechtslage erfordert auch einen entsprechend angepassten „Bescheid". Sobald der neue Rundfunkbeitrag erhoben wird, sollte man also unbedingt alle möglichen Rechtsmittel ausschöpfen. Dazu gehört zunächst, bevor es richtig losgeht, das Sammeln der sog. „Kontoauszüge", gegen die man sowieso nichts machen kann, weil sie keine Rechtsmittelbelehrung enthalten. Sobald ein Brief kommt, auf dem ausdrücklich vermerkt ist, dass es sich um einen Bescheid handelt (mit Rechtsmittelbelehrung), sollte gegen diesen Widerspruch eingelegt werden. Wird dieser Widerspruch von der Anstalt zurückgewiesen, kann vor dem Verwaltungsgericht geklagt werden. Bei diesen Verfahren muss immer die entsprechende Rechtsmittelbelehrung beachtet werden, d.h. es kann nur innerhalb der im Bescheid, dem Widerspruchsbescheid der Anstalt oder im Urteil des Gerichts angegebenen Frist bei der entsprechenden angeführten Stelle Widerspruch bzw. Klage eingereicht werden[36]. Je mehr Bürger den Rechtsweg einschlagen, desto mehr Druck wird dabei natürlich auch auf das System ausgeübt. Dem Staat muss mit seinem Vorgehen gegen seine Bürger eine deutlich spürbare Arbeitsbelastung auferlegt werden.

6.22 Zensus abwimmeln!

2011 soll es in Deutschland wieder eine Volkszählung geben, bei der zum Teil auch „Hausbesuche" gemacht werden, um die Bürger vor Ort über ihre Lebensumstände auszufragen. Auch für die Interviewer gilt, dass sie nicht ohne Erlaubnis eine Wohnung betreten dürfen. Mit anderen Worten: Sie müssen also nicht in die Wohnung gelassen werden, man kann sich stattdessen den Fragebogen geben lassen und ihn dann später an die zuständige Behörde reichen. Ich hätte jedenfalls kein Vertrauen darauf, dass nicht auch diese Behörde oder der eine oder andere Mitarbeiter mit der GEZ kooperiert. Im Gegenteil.

6.23 Gerichtlichen Mahnbescheid versenden!

Die GEZ verursacht Kosten beim Bürger. Sei es durch Auslagen für Briefmarken, Honorare für Anwälte oder fiktive Belastungen durch stundenlangen Einsatz der eigenen Arbeitszeit. Diese Kosten sollte man sich von der GEZ oder der zuständigen Landesrundfunkanstalt zurückholen! Um eine langwierige Prozedur zu umgehen und fruchtlos auf eine Antwort zu warten, sollte man bei dieser Institution nicht erst eine Rechnung schreiben, sondern gleich ein schlagkräftiges Mittel verwenden: den gerichtlichen

---

[36] Ausführlich in: Bernd Höcker: „Nie wieder Rundfunkgebühren!"

Mahnbescheid. Mit dem gerichtlichen Mahnbescheid kann man nämlich ohne Gerichtsverhandlung einen Vollstreckungstitel erwirken und zwar ziemlich einfach.

So geht's: Zunächst besorgt man sich einen „Antrag auf Erlass eines Mahnbescheids" im Bürobedarfshandel. Selber ausdrucken kann man diesen Antrag nicht, da er nur in der offiziellen Originalfassung gültig ist. Dann füllt man ihn aus und sendet ihn an das zuständige Mahngericht. Das jeweils zuständige Gericht findet man in der weiter unten benannten Broschüre. Vom Gericht wird lediglich die formale Stimmigkeit des Antrages geprüft, nicht jedoch die Richtigkeit der Forderung. Es prüft also nur, ob z.B. alle notwendigen Felder ausgefüllt sind und es prüft, ob die Zinsen richtig berechnet wurden. Ob tatsächlich eine Schuld besteht, prüft es nicht. Der erlassene Mahnbescheid wird vom Gericht mit einem vorbereiteten Widerspruchsvordruck zur förmlichen Zustellung abgesandt.

Der Adressat, also in diesem Fall die GEZ oder die Rundfunkanstalt, hat nun 14 Tage Zeit, Widerspruch gegen den Mahnbescheid einzulegen. Wird diese Frist versäumt, hat man den Vollstreckungstitel und kann wiederum beim Mahngericht einen Antrag auf Erlass eines Vollstreckungsbescheides stellen. Dann muss die GEZ zahlen.

Tipp: Feiertagsblöcke und Ferien nutzen!

Hinweis: Eine umfangreiche Broschüre (89 Seiten) zum gerichtlichen Mahnverfahren gibt es beim Hamburger Justizportal[37].

---

[37] http://justiz.hamburg.de/contentblob/186566/data/mahn-infobroschuere-neu.pdf

6.24 Die richtige Partei wählen!

Schauen Sie sich die Wahlprogramme der Parteien an und erkundigen Sie sich, wie die jeweilige Partei zur Rundfunkgebühr und zum neuen Rundfunkbeitrag steht. Dabei ist die Meinung einzelner Parteimitglieder weniger wichtig, als das festgeschriebene Grundsatzprogramm einer Partei. Ich kenne bisher nur die Partei Mensch Umwelt Tierschutz (kurz „Tierschutzpartei"), die sich explizit gegen die Ungerechtigkeit bei der Finanzierung der Zwangsgeldsender ausgesprochen hat[38]. Es ist relativ unwichtig, ob diese oder jene Partei tatsächlich ins Parlament kommt. Selbst sog. „verlorene" Stimmen sind keine wirklich verlorenen. Sie gehen nämlich jenen Parteien verloren, die für die Rundfunkgebühr und für die Haushaltsabgabe gestimmt haben und sind damit ein großer Gewinn für uns Bürger und hoffentlich ein Denkanstoß für unsere Volksvertreter. Oft entscheidet nämlich der Bruchteil eines Prozents über Macht oder Ohnmacht im Parlament! Ich selbst bin seit mehr als 20 Jahren Mitglied der CDU. Ich empfehle jedoch dringend, die CDU **nicht** zu wählen, solange sie sich nicht endlich von ihrer rechtsstaatswidrigen Medienpolitik verabschiedet. Rundfunkgebühr und Rundfunkbeitrag sind weder christlich noch demokratisch, sondern menschenverachtend!

6.25 Strategeme erkennen und anwenden!

Unter Strategemen versteht man listige Strategien. Die Verwendung und das Wissen über Strategeme hat in China eine lange Tradition und wird dort auch überall gelehrt,

---

[38] http://www.tierschutzpartei.de/Schwerpunkte07.htm

wo z.B. Allgemeinbildung vermittelt wird oder Manager ausgebildet werden. Harro von Senger hat in seinem Buch[39] die Kunst beschrieben, wie man auf intelligente Weise zu seinem Ziel kommen kann. Auch das Wissen darüber, was Andere mit uns machen, welche Strategeme sie gerade gegen uns anwenden und uns zum Narren halten, ist unverzichtbar!

Beispielsweise sieht es oft so aus, als verwendeten die Justitiare der GEZ und der Anstalten das Strategem Nr. 7 „Aus dem Nichts etwas erzeugen". Das könnte z.B. zutreffen, wenn sie ohne zu wissen, ob eine Zahlungspflicht besteht, Zwangsanmeldungen vornehmen und sich dann einfach am Bürger festbeißen, bis sie das Geld haben. Oder sie wenden Strategem Nr. 4 an: „Ausgeruht den erschöpften Feind erwarten". Das heißt, sie verschicken belastende Bescheide und der Bürger rackert sich in Panik ab, um dieser Ungerechtigkeit zu entkommen. Der geschädigte Bürger wird vielleicht sogar krank vor Stress und macht hektische Versuche, die Justitiare wieder loszuwerden. Die Justitiare hingegen sitzen vollkommen behütet und ausgeruht in bequemen Chefsesseln und führen kalt und unbeeindruckt ihr Geschäft durch. Auch das Strategem Nr. 16 wird schon mal erkennbar. Es heißt: „Will man etwas fangen, muss man es zunächst loslassen". Ich bekomme öfter Mails, in denen beschrieben wird, dass man sich bei der GEZ abgemeldet habe und dann keine Post mehr gekommen sei. Man hatte daraufhin das Gefühl, dass man nun ja abgemeldet, und alles in Ordnung wäre. Nach mehreren Jahren komme dann die GEZ und behauptet, die Abmeldung nie bekommen zu haben und rückwirkende Abmel-

---

[39] Senger, Harro von: „36 Strategeme für Manager", Piper

dung ja nicht erlaubt sei. Sie forderte daraufhin die rückwirkende Zahlung der Rundfunkgebühren. Eine wirklich lehrbuchhafte Anwendung des Strategems Nr. 16: Erst loslassen (das Opfer in Sicherheit wiegen), dann zupacken und ungehindert abkassieren!

Es gibt noch eine Reihe von Strategemen, die von den Rundfunkjustitiaren angewandt werden, doch nun zu denen, die wir selbst anwenden können. Ich fange gleich mal mit dem Strategem Nr. 30 an: „Die Rolle des Gastes in die des Gastgebers umkehren". Gemeint ist damit folgendes: Der Gastgeber ist derjenige, der bestimmt, was geschieht, der also das sprichwörtliche Zepter in der Hand hält. Bezogen auf die GEZ sind also erstmal die Justitiare die „Gastgeber" und wir Bürger quälen uns damit, irgendwie auf die Angriffe zu **reagieren**. Wir sind normalerweise also in diesem Sinne „Gast". Die Rolle umkehren, meint also etwas undiplomatischer ausgedrückt: Wir werden vom Opfer zum Täter. Wir bestimmen dann, was passiert! Und die Justitiare müssen **re-**agieren!

Ein Beispiel, wie wir zum „Gastgeber" werden, habe ich im Kapitel 6.23 beschrieben: Wir versenden einen gerichtlichen Mahnbescheid. Wenn die Rundfunkanstalt nicht rechtzeitig darauf mit einem Widerspruch reagiert, haben wir den vollstreckbaren Titel gegen sie. So machen sie es im Prinzip auch mit ihren oft wahnwitzigen Gebührenbescheiden.

Damit wir aus der Opfer-Rolle rauskommen und Täter werden, können wir selber auch diverse weitere Strategeme anwenden, wie z.B. das Strategem Nr. 18: „Will man eine Räuberbande unschädlich machen, muss man deren Anführer fangen". Übertragen auf die Rundfunkanstalt bedeutet dies, dass man sich bei allen normalen Streitigkeiten nicht mehr nur mit den kleinen „juristischen Referenten" herumschlägt, sondern sich immer auch **persönlich** an den Intendanten oder die Intendantin wendet und dabei nicht locker lässt. Intendanten sind ja die Behördenleiter und verantwortlich für alles, was in der Behörde geschieht. Auch bei strafbaren Handlungen (etwa § 352 STGB Gebührenüberhebung) sollte der Intendant (mit-) verantwortlich gemacht werden. Oder das Strategem Nr. 15: „Den Tiger vom Berg in die Ebene locken". Den „Tiger" (z.B. der Intendant oder Justitiar) weg vom gewohnten Terrain (z.B. Fachgebiet Jura) locken und sich ihm in einem für ihn fremden Gelände stellen. Also den Juristen oder den Intendanten nicht mit juristischen Mitteln, sondern mit vollkommen anderen Maßnahmen überraschen, die er überhaupt nicht kennt und mit denen er überhaupt nicht umgehen kann. Beispiel: Das Kunstprojekt „Käse für den NDR!" (s. Kap. 6.18) oder eine Offene Email an den Intendanten schreiben, in der auf seine rechtswidrigen Verhaltensweisen oder die seiner Behörde aufmerksam gemacht wird (siehe Kap. 6.15). Eine gelungene Offene Email, die ihre Wirkung nicht verfehlt hat, habe ich vor einigen Jahren an den Datenschutzbeauftragten und Justitiar des SWR geschickt. Wer die Strategeme und die weiteren listigen Strategien aus Harro von Sengers Buch kennt, wird auch weitere Ideen entwickeln können, auf die er wohl vorher nicht gekommen wäre.

Was unsere Volksvertreter im Moment mit unserem Land und unserer Demokratie machen, entspricht dem Strategem Nr. 25: „Ohne Veränderung der Fassade eines Hauses in dessen Innerem die Tragbalken stehlen und die Stütz-

Checkliste Gegenmaßnahmen

- ☐ Einzugsermächtigung kündigen!
- ☐ Nur noch mit Verrechnungsscheck bezahlen!
- ☐ Unfreie Briefe an die GEZ senden!
- ☐ Schrottgeräte an die Rundfunkanstalt senden!
- ☐ Spielräume nutzen - Zahlungen verzögern!
- ☐ Formellen Antrag auf Ratenzahlung stellen!
- ☐ Befreiung nach Härtefallklausel beantragen!
- ☐ Auskunftserzwingungsverfahren mitmachen!
- ☐ Zwangsvollstreckung über sich ergehen lassen!
- ☐ Rundfunkbeauftragte wegjagen!
- ☐ Dateneinsicht einfordern!
- ☐ Strafanzeige erstatten!
- ☐ Beschwerde an die Staatskanzleien!
- ☐ Petitionsausschüsse beschäftigen!
- ☐ Offene Emails an verschiedene Adressen!
- ☐ Zulassung als Rundfunkanbieter beantragen!
- ☐ Querdenken und -handeln: RfGebStV und RBStV sind nichtig!
- ☐ Aktionskunst - nicht nur für die Freunde von Joseph Beuys!
- ☐ Der heutige Königsweg: Geräte abmelden!
- ☐ Verfassungsbeschwerde einreichen!
- ☐ Den Rechtsweg beschreiten!
- ☐ Zensus abwimmeln!
- ☐ Gerichtlichen Mahnbescheid versenden!
- ☐ Die richtige Partei wählen!
- ☐ Strategeme erkennen und anwenden!

pfosten austauschen". Aber darüber könnte man ein ganz neues, sehr umfangreiches Buch schreiben...

7 Beginn des Widerstandes

Nach einer neuen Studie der Universität von Chicago verurteilen die Menschen bevorstehendes oder geplantes Unrecht stärker als bereits eingeführtes Unrecht. Dieses Phänomen war auch in unserem Lande bei der Einführung der PC-Gebühr zu beobachten. Als sie angekündigt wurde, waren die Kommentatoren der Qualitätsmedien noch Feuer und Flamme gegen diese Gebühr. Doch als sie eingeführt wurde, verstummte die Kritik und kaum jemand regte sich noch darüber auf.

Was müssen wir daraus lernen? Um effektiv Widerstand gegen den RBStV zu leisten und auch eine große Zahl von Menschen anzuregen mitzumachen, müssen wir schon handeln, bevor der Sklavenvertrag in Kraft getreten ist, also deutlich vor 2013! **Am Besten sofort!** Sinn des Protestes ist es ja, dieses verfassungswidrige Gesetz von vorn herein zu verhindern und seine Auswirkungen zu unterbinden. Wenn sich das neue System erst einmal etabliert hat, wird es viel schwerer, es wieder abzuschaffen. Wenn wir es uns gefallen lassen, dass wir ohne vernünftigen Grund unser Geld an die Rundfunkmillionäre abgeben müssen, werden wir demnächst mit einer Taschengeldlösung konfrontiert: Dann gehen erstmal alle unsere Einnahmen zur GEZ und diese bestimmt dann auf Antrag, wie viel Taschengeld uns noch zusteht. Eine solche Taschengeldlösung wäre die nächste logische Stufe der Sklaverei.

Gesetzestext

§ 1 Zweck des Rundfunkbeitrags

Der Rundfunkbeitrag dient der funktionsgerechten Finanzausstattung des öffentlich-rechtlichen Rundfunks im Sinne von § 12 Abs. 1 des Rundfunkstaatsvertrages sowie der Finanzierung der Aufgaben nach § 40 des Rundfunkstaatsvertrages.

§ 2 Rundfunkbeitrag im privaten Bereich

(1) Im privaten Bereich ist für jede Wohnung von deren Inhaber (Beitragsschuldner) ein Rundfunkbeitrag zu entrichten.

(2) Inhaber einer Wohnung ist jede volljährige Person, die die Wohnung selbst bewohnt. Als Inhaber wird jede Person vermutet, die

1. dort nach dem Melderecht gemeldet ist oder

2. im Mietvertrag für die Wohnung als Mieter genannt ist.

(3) Mehrere Beitragsschuldner haften als Gesamtschuldner entsprechend § 44 der Abgabenordnung. Die Landesrundfunkanstalt kann von einem anderen als dem bisher in Anspruch genommenen Beitragsschuldner für eine Wohnung für zurückliegende Zeiträume keinen oder nur einen ermäßigten Beitrag erheben, wenn dieser das Vorliegen der Voraussetzungen für eine Befreiung oder Ermäßigung gemäß § 4 Abs. 7 Satz 2 im Zeitpunkt der Inanspruchnahme nachweist.

(4) Ein Rundfunkbeitrag ist nicht zu entrichten von Beitragsschuldnern, die aufgrund Artikel 2 des Gesetzes vom 6. August 1964 zu dem Wiener Übereinkommen vom 18. April 1961 über diplomatische Beziehungen (BGBl. 1964 II S. 957) oder entsprechender Rechtsvorschriften Vorrechte genießen.

§ 3 Wohnung

(1) Wohnung ist unabhängig von der Zahl der darin enthaltenen Räume jede ortsfeste, baulich abgeschlossene Raumeinheit, die

1. zum Wohnen oder Schlafen geeignet ist oder genutzt wird und

2. durch einen eigenen Eingang unmittelbar von einem Treppenhaus, einem Vorraum oder von außen, nicht ausschließlich über eine andere Wohnung, betreten werden kann.

Nicht ortsfeste Raumeinheiten gelten als Wohnung, wenn sie Wohnungen im Sinne des Melderechts sind. Nicht als Wohnung gelten Bauten nach § 3 des Bundeskleingartengesetzes.

(2) Nicht als Wohnung gelten Raumeinheiten in folgenden Betriebsstätten:

1. Raumeinheiten in Gemeinschaftsunterkünften, insbesondere Kasernen, Unterkünfte für Asylbewerber, Internate,

2. Raumeinheiten, die der nicht dauerhaften heim- oder anstaltsmäßigen Unterbringung dienen, insbesondere in Behinderten- und Pflegeheimen,

3. Patientenzimmer in Krankenhäusern,

4. Hafträume in Justizvollzugsanstalten und

5. Raumeinheiten, die der vorübergehenden Unterbringung in Beherbergungsstätten dienen, insbesondere Hotel- und Gästezimmer, Ferienwohnungen, Unterkünfte in Seminar- und Schulungszentren.

§ 4 Befreiungen von der Beitragspflicht, Ermäßigung

(1) Von der Beitragspflicht nach § 2 Abs. 1 werden auf Antrag folgende natürliche Personen befreit:

1. Empfänger von Hilfe zum Lebensunterhalt nach dem Dritten Kapitel des Zwölften

Buches des Sozialgesetzbuches (Sozialhilfe) oder nach den §§ 27a oder 27d des Bundesversorgungsgesetzes,

2. Empfänger von Grundsicherung im Alter und bei Erwerbsminderung (Viertes Kapitel des Zwölften Buches des Sozialgesetzbuches),

3. Empfänger von Sozialgeld oder Arbeitslosengeld II einschließlich von Leistungen nach § 22 des Zweiten Buches des Sozialgesetzbuches, soweit nicht Zuschläge nach dessen § 24 gewährt werden, die die Höhe des Rundfunkbeitrages übersteigen,

4. Empfänger von Leistungen nach dem Asylbewerberleistungsgesetz,

5. nicht bei den Eltern wohnende Empfänger von

    a)   Ausbildungsförderung nach dem Bundesausbildungsförderungsgesetz,

    b)   Berufsausbildungsbeihilfe nach den §§ 99, 100 Nr. 3 des Dritten Buches des Sozialgesetzbuches oder nach dem Vierten Kapitel, Fünfter Abschnitt des Dritten Buches des Sozialgesetzbuches oder

    c)   Ausbildungsgeld nach den §§ 104 ff. des Dritten Buches des Sozialgesetzbuches,

6. Sonderfürsorgeberechtigte im Sinne des § 27e des Bundesversorgungsgesetzes,

7. Empfänger von Hilfe zur Pflege nach dem Siebten Kapitel des Zwölften Buches des Sozialgesetzbuches oder von Hilfe zur Pflege als Leistung der Kriegsopferfürsorge nach dem Bundesversorgungsgesetz oder von Pflegegeld nach landesgesetzlichen Vorschriften,

8. Empfänger von Pflegezulagen nach § 267 Abs. 1 des Lastenausgleichsgesetzes oder Personen, denen wegen Pflegebedürftigkeit nach § 267 Abs. 2 Satz 1 Nr. 2 Buchstabe c des Lastenausgleichsgesetzes ein Freibetrag zuerkannt wird,

9. Volljährige, die im Rahmen einer Leistungsgewährung nach dem Achten Buch des Sozialgesetzbuches in einer stationären Einrichtung nach § 45 des Achten Buches des Sozialgesetzbuches leben, und

10. taubblinde Menschen und Empfänger von Blindenhilfe nach § 72 des Zwölften Buches des Sozialgesetzbuches.

(2) Der Rundfunkbeitrag nach § 2 Abs. 1 wird auf Antrag für folgende natürliche Personen auf ein Drittel ermäßigt:

1.   blinde oder nicht nur vorübergehend wesentlich sehbehinderte Menschen mit einem Grad der Behinderung von wenigstens 60 vom Hundert allein wegen der Sehbehinderung,

2.   hörgeschädigte Menschen, die gehörlos sind oder denen eine ausreichende Verständigung über das Gehör auch mit Hörhilfen nicht möglich ist, und

3.   behinderte Menschen, deren Grad der Behinderung nicht nur vorübergehend wenigstens 80 vom Hundert beträgt und die wegen ihres Leidens an öffentlichen Veranstaltungen ständig nicht teilnehmen können.

Absatz 1 bleibt unberührt.

(3) Die dem Antragsteller gewährte Befreiung oder Ermäßigung erstreckt sich innerhalb der Wohnung

1.   auf dessen Ehegatten,

2.   auf den eingetragenen Lebenspartner und

3.   auf die Wohnungsinhaber, die bei der Gewährung einer Sozialleistung nach Absatz 1 als Teil einer Einsatzgemeinschaft im Sinne des § 19 des Zwölften Buches des Sozialgesetzbuches berücksichtigt worden sind.

(4) Die Befreiung oder Ermäßigung beginnt mit dem Ersten des Monats, zu dem der Gültigkeitszeitraum des Bescheids beginnt, wenn der Antrag innerhalb von zwei Monaten nach dem Erstellungsdatum des Bescheids nach Absatz 7 Satz 2 gestellt wird. Wird der Antrag erst zu einem späteren Zeitpunkt gestellt, so beginnt die Befreiung oder Ermäßigung mit dem Ersten des Monats, der der Antragstellung folgt. Die Befreiung oder Ermäßigung wird für die Gültigkeitsdauer des Bescheids befristet. Ist der Bescheid nach Absatz 7 Satz 2 unbefristet, so kann die Befreiung oder Ermäßigung auf drei Jahre befristet werden, wenn eine Änderung der Umstände möglich ist, die dem Tatbestand zugrunde liegen.

(5) Wird der Bescheid nach Absatz 7 Satz 2 unwirksam, zurückgenommen oder widerrufen, so endet die Befreiung oder Ermäßigung zum selben Zeitpunkt. Derartige Umstände sind vom Beitragsschuldner unverzüglich der zuständigen Landesrundfunkanstalt mitzuteilen.

(6) Unbeschadet der Beitragsbefreiung nach Absatz 1 hat die Landesrundfunkanstalt in besonderen Härtefällen auf gesonderten Antrag von der Beitragspflicht zu befreien. Ein Härtefall liegt insbesondere vor, wenn eine Sozialleistung nach Absatz 1 Nr. 1 bis 10 in einem durch die zuständige Behörde erlassenen Bescheid mit der Begründung versagt wurde, dass die Einkünfte die jeweilige Bedarfsgrenze um weniger als die Höhe des Rundfunkbeitrags überschreiten. Absatz 4 gilt entsprechend.

(7) Der Antrag auf Befreiung oder Ermäßigung ist vom Beitragsschuldner schriftlich bei der zuständigen Landesrundfunkanstalt zu stellen. Die Voraussetzungen für die Befreiung oder Ermäßigung sind durch die entsprechende Bestätigung der Behörde oder des Leistungsträgers im Original oder durch den entsprechenden Bescheid im Original oder in beglaubigter Kopie nachzuweisen; im Falle des Absatzes 1 Nr. 10 1. Alternative genügt eine ärztliche Bescheinigung. Dabei sind auch die Namen der weiteren volljährigen Bewohner der Wohnung mitzuteilen.

§ 5 Rundfunkbeitrag im nicht privaten Bereich

(1) Im nicht privaten Bereich ist für jede Betriebsstätte von deren Inhaber (Beitragsschuldner) ein Rundfunkbeitrag nach Maßgabe der folgenden Staffelung zu entrichten. Die Höhe des zu leistenden Rundfunkbeitrags bemisst sich nach der Zahl der neben dem Inhaber Beschäftigten und beträgt für eine Betriebsstätte

1.   mit keinem oder bis acht Beschäftigten ein Drittel des Rundfunkbeitrags,
2.   mit neun bis 19 Beschäftigten einen Rundfunkbeitrag,
3.   mit 20 bis 49 Beschäftigten zwei Rundfunkbeiträge,
4.   mit 50 bis 249 Beschäftigten fünf Rundfunkbeiträge,
5.   mit 250 bis 499 Beschäftigten zehn Rundfunkbeiträge,
6.   mit 500 bis 999 Beschäftigten 20 Rundfunkbeiträge,
7.   mit 1.000 bis 4.999 Beschäftigten 40 Rundfunkbeiträge,
8.   mit 5.000 bis 9.999 Beschäftigten 80 Rundfunkbeiträge,
9.   mit 10.000 bis 19.999 Beschäftigten 120 Rundfunkbeiträge und
10.   mit 20.000 oder mehr Beschäftigten 180 Rundfunkbeiträge.

(2) Unbeschadet der Beitragspflicht für Betriebsstätten nach Absatz 1 ist jeweils ein Drittel des Rundfunkbeitrags zu entrichten vom

1.   Inhaber einer Betriebsstätte für jedes darin befindliche Hotel- und Gästezimmer und für jede Ferienwohnung zur vorübergehenden entgeltlichen Beherbergung Dritter ab der zweiten Raumeinheit und

2.   Inhaber eines Kraftfahrzeugs (Beitragsschuldner) für jedes zugelassene Kraftfahrzeug, das zu gewerblichen Zwecken oder einer anderen selbständigen Er-

werbstätigkeit oder zu gemeinnützigen oder öffentlichen Zwecken des Inhabers genutzt wird; auf den Umfang der Nutzung zu diesen Zwecken kommt es nicht an; Kraftfahrzeuge sind Personenkraftwagen, Lastkraftwagen und Omnibusse; ausgenommen sind Omnibusse, die für den öffentlichen Personennahverkehr nach § 2 des Gesetzes zur Regionalisierung des öffentlichen Personennahverkehrs eingesetzt werden.

Ein Rundfunkbeitrag nach Satz 1 Nr. 2 ist nicht zu entrichten für jeweils ein Kraftfahrzeug für jede beitragspflichtige Betriebsstätte des Inhabers.

(3) Für jede Betriebsstätte folgender Einrichtungen gilt Absatz 1 mit der Maßgabe, dass höchstens ein Rundfunkbeitrag zu entrichten ist:

1. gemeinnützige Einrichtungen für behinderte Menschen, insbesondere Heime, Ausbildungsstätten oder Werkstätten für behinderte Menschen,

2. gemeinnützige Einrichtungen der Jugendhilfe im Sinne des Kinder- und Jugendhilfegesetzes (Achtes Buch des Sozialgesetzbuches),

3. gemeinnützige Einrichtungen für Suchtkranke, der Altenhilfe, für Nichtsesshafte und Durchwandererheime,

4. eingetragene gemeinnützige Vereine und Stiftungen,

5. öffentliche allgemeinbildende oder berufsbildende Schulen, staatlich genehmigte oder anerkannte Ersatzschulen oder Ergänzungsschulen, soweit sie auf gemeinnütziger Grundlage arbeiten, sowie Hochschulen nach dem Hochschulrahmengesetz und

6. Feuerwehr, Polizei, Bundeswehr, Zivil- und Katastrophenschutz.

Damit ist auch die Beitragspflicht für auf die Einrichtung zugelassene Kraftfahrzeuge abgegolten. Die Gemeinnützigkeit im Sinne der Abgabenordnung ist der zuständigen Landesrundfunkanstalt auf Verlangen nachzuweisen.

(4) Auf Antrag ist ein Rundfunkbeitrag nach Absatz 1 und 2 insoweit nicht zu entrichten, als der Inhaber glaubhaft macht und auf Verlangen nachweist, dass die Betriebsstätte länger als drei zusammenhängende volle Kalendermonate vorübergehend stillgelegt ist. Das Nähere regelt die Satzung nach § 9 Abs. 2.

(5) Ein Rundfunkbeitrag nach Absatz 1 ist nicht zu entrichten für Betriebsstätten

1. die gottesdienstlichen Zwecken gewidmet sind,

2. in denen kein Arbeitsplatz eingerichtet ist oder

3. die sich innerhalb einer beitragspflichtigen Wohnung befinden, für die bereits ein Rundfunkbeitrag entrichtet wird.

(6) Ein Rundfunkbeitrag nach Absatz 1 und 2 ist nicht zu entrichten von

1. den öffentlich-rechtlichen Rundfunkanstalten, den Landesmedienanstalten oder den nach Landesrecht zugelassenen privaten Rundfunkveranstaltern oder -anbietern oder

2. diplomatischen Vertretungen (Botschaft, Konsulat) eines ausländischen Staates.

§ 6 Betriebsstätte, Beschäftigte

(1) Betriebsstätte ist jede zu einem eigenständigen, nicht ausschließlich privaten Zweck bestimmte oder genutzte ortsfeste Raumeinheit oder Fläche innerhalb einer Raumeinheit. Dabei gelten mehrere Raumeinheiten auf einem Grundstück oder auf zusammenhängenden Grundstücken, die demselben Inhaber zuzurechnen sind, als eine Betriebsstätte. Auf den Umfang der Nutzung zu den jeweiligen nicht privaten Zwecken sowie auf eine Gewinnerzielungsabsicht oder eine steuerliche Veranlagung des Beitragsschuldners kommt es nicht an.

(2) Inhaber der Betriebsstätte ist die natürliche oder juristische Person, die die Betriebsstätte im eigenen Namen nutzt oder in deren Namen die Betriebsstätte genutzt wird. Als Inhaber wird vermutet, wer für diese Betriebsstätte in einem Register, insbesondere Handels-, Gewerbe-, Vereins- oder Partnerschaftsregister eingetragen ist. Inhaber eines Kraftfahrzeugs ist derjenige, auf den das Kraftfahrzeug zugelassen ist.

(3) Als Betriebsstätte gilt auch jedes zu gewerblichen Zwecken genutzte Motorschiff.

(4) Beschäftigte sind alle im Jahresdurchschnitt sozialversicherungspflichtig Beschäftigten sowie Bediensteten in einem öffentlich-rechtlichen Dienstverhältnis mit Ausnahme der Auszubildenden.

§ 7 Beginn und Ende der Beitragspflicht, Zahlungsweise, Verjährung

(1) Die Pflicht zur Entrichtung des Rundfunkbeitrags beginnt mit dem Ersten des Monats, in dem der Beitragsschuldner erstmals die Wohnung, die Betriebsstätte oder das Kraftfahrzeug innehat. Das Innehaben eines Kraftfahrzeugs beginnt mit dem Ersten des Monats, in dem es auf den Beitragsschuldner zugelassen wird.

(2) Die Beitragspflicht endet mit dem Ablauf des Monats, in dem das Innehaben der Wohnung, der Betriebsstätte oder des Kraftfahrzeugs durch den Beitragsschuldner endet, jedoch nicht vor dem Ablauf des Monats, in dem dies der zuständigen Landesrundfunkanstalt angezeigt worden ist. Das Innehaben eines Kraftfahrzeugs endet mit dem Ablauf des Monats, in dem die Zulassung auf den Beitragsschuldner endet.

(3) Der Rundfunkbeitrag ist monatlich geschuldet. Er ist in der Mitte eines Dreimonatszeitraums für jeweils drei Monate zu leisten.

(4) Die Verjährung der Beitragsforderung richtet sich nach den Vorschriften des Bürgerlichen Gesetzbuches über die regelmäßige Verjährung.

§ 8 Anzeigepflicht

(1) Das Innehaben einer Wohnung, einer Betriebsstätte oder eines beitragspflichtigen Kraftfahrzeugs ist unverzüglich schriftlich der zuständigen Landesrundfunkanstalt anzuzeigen (Anmeldung); entsprechendes gilt für jede Änderung der Daten nach Absatz 4 (Änderungsmeldung). Eine Änderung der Anzahl der im Jahresdurchschnitt des vorangegangenen Kalenderjahres sozialversicherungspflichtig Beschäftigten nach Absatz 2 Nr. 7 ist jeweils bis zum 31. März eines Jahres anzuzeigen; diese Änderung wirkt ab dem 1. April des jeweiligen Jahres.

(2) Das Ende des Innehabens einer Wohnung, einer Betriebsstätte oder eines beitragspflichtigen Kraftfahrzeugs ist der zuständigen Landesrundfunkanstalt unverzüglich schriftlich anzuzeigen (Abmeldung).

(3) Die Anzeige eines Beitragsschuldners für eine Wohnung, eine Betriebsstätte oder ein Kraftfahrzeug wirkt auch für weitere anzeigepflichtige Beitragsschuldner, sofern sich für die Wohnung, die Betriebsstätte oder das Kraftfahrzeug keine Änderung der Beitragspflicht ergibt.

(4) Bei der Anzeige hat der Beitragsschuldner der zuständigen Landesrundfunkanstalt folgende, im Einzelfall erforderliche Daten mitzuteilen und auf Verlangen nachzuweisen:

1. Vor- und Familienname sowie frühere Namen, unter denen eine Anmeldung bestand,
2. Tag der Geburt,
3. Vor- und Familienname oder Firma und Anschrift des Beitragsschuldners und seines gesetzlichen Vertreters,
4. gegenwärtige Anschrift jeder Betriebsstätte und jeder Wohnung, einschließlich

aller vorhandenen Angaben zur Lage der Wohnung,

5. letzte der Landesrundfunkanstalt gemeldete Anschrift des Beitragsschuldners,
6. vollständige Bezeichnung des Inhabers der Betriebsstätte,
7. Anzahl der Beschäftigten der Betriebsstätte,
8. Beitragsnummer,
9. Datum des Beginns des Innehabens der Wohnung, der Betriebsstätte oder des beitragspflichtigen Kraftfahrzeugs,
10. Zugehörigkeit zu den Branchen und Einrichtungen nach § 5 Abs. 2 Satz 1 Nr. 1 und Abs. 3 Satz 1,
11. Anzahl der beitragspflichtigen Hotel- und Gästezimmer und Ferienwohnungen und
12. Anzahl und Zulassungsort der beitragspflichtigen Kraftfahrzeuge.

(5) Bei der Abmeldung sind zusätzlich folgende Daten mitzuteilen und auf Verlangen nachzuweisen:

1. Datum des Endes des Innehabens der Wohnung, der Betriebsstätte oder des beitragspflichtigen Kraftfahrzeugs,
2. der die Abmeldung begründende Lebenssachverhalt und
3. die Beitragsnummer des für die neue Wohnung in Anspruch genommenen Beitragsschuldners.

§ 9 Auskunftsrecht, Satzungsermächtigung

(1) Die zuständige Landesrundfunkanstalt kann von jedem Beitragsschuldner oder von Personen oder Rechtsträgern, bei denen tatsächliche Anhaltspunkte vorliegen, dass sie Beitragsschuldner sind und dies nicht oder nicht umfassend angezeigt haben, Auskunft über die in § 8 Abs. 4 genannten Daten verlangen. Kann die zuständige Landesrundfunkanstalt den Inhaber einer Wohnung oder einer Betriebsstätte nicht feststellen, ist der Eigentümer oder der vergleichbar dinglich Berechtigte der Wohnung oder des Grundstücks, auf dem sich die Betriebsstätte befindet, verpflichtet, der Landesrundfunkanstalt Auskunft über den tatsächlichen Inhaber der Wohnung oder der Betriebsstätte zu erteilen. Bei Wohnungseigentumsgemeinschaften kann die Auskunft auch vom Verwalter verlangt werden. Die Landesrundfunkanstalt kann mit ihrem Auskunftsverlangen neben den in § 8 Abs. 4 und 5 genannten Daten im Einzelfall weitere Daten erheben, soweit dies nach Satz 1 erforderlich ist; § 11 Abs. 5 gilt entsprechend. Die Landesrundfunkanstalt kann für die Tatsachen nach Satz 1 und die Daten nach Satz 4 Nachweise fordern. Der Anspruch auf Auskunft und Nachweise kann im Verwaltungszwangsverfahren durchgesetzt werden.

(2) Die zuständige Landesrundfunkanstalt wird ermächtigt, Einzelheiten des Verfahrens

1. der Anzeigepflicht,
2. zur Leistung des Rundfunkbeitrags, zur Befreiung von der Rundfunkbeitragspflicht oder zu deren Ermäßigung,
3. der Erfüllung von Auskunfts- und Nachweispflichten,
4. der Kontrolle der Beitragspflicht,
5. der Erhebung von Zinsen, Kosten und Säumniszuschlägen und
6. in den übrigen in diesem Staatsvertrag genannten Fällen

durch Satzung zu regeln. Die Satzung bedarf der Genehmigung der für die Rechtsaufsicht zuständigen Behörde und ist in den amtlichen Verkündungsblättern der die Landesrundfunkanstalt tragenden Länder zu veröffentlichen. Die Satzungen der

Landesrundfunkanstalten sollen übereinstimmen.

§ 10 Beitragsgläubiger, Schickschuld, Erstattung, Vollstreckung

(1) Das Aufkommen aus dem Rundfunkbeitrag steht der Landesrundfunkanstalt und in dem im Rundfunkfinanzierungsstaatsvertrag bestimmten Umfang dem Zweiten Deutschen Fernsehen (ZDF), dem Deutschlandradio sowie der Landesmedienanstalt zu, in deren Bereich sich die Wohnung oder die Betriebsstätte des Beitragsschuldners befindet oder das Kraftfahrzeug zugelassen ist.

(2) Der Rundfunkbeitrag ist an die zuständige Landesrundfunkanstalt als Schickschuld zu entrichten. Die Landesrundfunkanstalt führt die Anteile, die dem ZDF, dem Deutschlandradio und der Landesmedienanstalt zustehen, an diese ab.

(3) Soweit ein Rundfunkbeitrag ohne rechtlichen Grund entrichtet wurde, kann derjenige, auf dessen Rechnung die Zahlung bewirkt worden ist, von der durch die Zahlung bereicherten Landesrundfunkanstalt die Erstattung des entrichteten Betrages fordern. Er trägt insoweit die Darlegungs- und Beweislast. Der Erstattungsanspruch verjährt nach den Vorschriften des Bürgerlichen Gesetzbuches über die regelmäßige Verjährung.

(4) Das ZDF, das Deutschlandradio und die Landesmedienanstalten tragen die auf sie entfallenden Anteile der Kosten des Beitragseinzugs und der nach Absatz 3 erstatteten Beträge.

(5) Rückständige Rundfunkbeiträge werden durch die zuständige Landesrundfunkanstalt festgesetzt. Festsetzungsbescheide können stattdessen auch von der Landesrundfunkanstalt im eigenen Namen erlassen werden, in deren Anstaltsbereich sich zur Zeit des Erlasses des Bescheides die Wohnung, die Betriebsstätte oder der Sitz (§ 17 der Zivilprozessordnung) des Beitragsschuldners befindet.

(6) Festsetzungsbescheide werden im Verwaltungsvollstreckungsverfahren vollstreckt. Ersuchen um Vollstreckungshilfe gegen Beitragsschuldner, deren Wohnsitz oder Sitz in anderen Ländern liegt, können von der zuständigen Landesrundfunkanstalt unmittelbar an die für den Wohnsitz oder den Sitz des Beitragsschuldners zuständige Vollstreckungsbehörde gerichtet werden.

(7) Jede Landesrundfunkanstalt nimmt die ihr nach diesem Staatsvertrag zugewiesenen Aufgaben und die damit verbundenen Rechte und Pflichten ganz oder teilweise durch die im Rahmen einer nichtrechtsfähigen öffentlich-rechtlichen Verwaltungsgemeinschaft betriebene Stelle der öffentlich-rechtlichen Landesrundfunkanstalten selbst wahr. Die Landesrundfunkanstalt ist ermächtigt, einzelne Tätigkeiten bei der Durchführung des Beitragseinzugs und der Ermittlung von Beitragsschuldnern auf Dritte zu übertragen und das Nähere durch die Satzung nach § 9 Abs. 2 zu regeln. Die Landesrundfunkanstalt kann eine Übertragung von Tätigkeiten auf Dritte nach Satz 2 ausschließen, die durch Erfolgshonorare oder auf Provisionsbasis vergütet werden.

§ 11 Verwendung personenbezogener Daten

(1) Beauftragt die Landesrundfunkanstalt Dritte mit Tätigkeiten bei der Durchführung des Beitragseinzugs oder der Ermittlung von Beitragsschuldnern, die der Anzeigepflicht nach § 8 Abs. 1 nicht oder nicht vollständig nachgekommen sind, so gelten für die Erhebung, Verarbeitung und Nutzung der dafür erforderlichen Daten die für die Datenverarbeitung im Auftrag anwendbaren Bestimmungen.

(2) Beauftragen die Landesrundfunkanstalten eine Stelle nach § 10 Abs. 7 Satz 1 mit Tätigkeiten bei der Durchführung des Beitragseinzugs und der Ermittlung von Beitragsschuldnern, ist dort unbeschadet der Zuständigkeit des nach Landesrecht für die Landesrundfunkanstalt zuständigen Datenschutzbeauftragten ein behördlicher Datenschutzbeauftragter

zu bestellen. Er arbeitet zur Gewährleistung des Datenschutzes mit dem nach Landesrecht für die Landesrundfunkanstalt zuständigen Datenschutzbeauftragten zusammen und unterrichtet diesen über Verstöße gegen Datenschutzvorschriften sowie die dagegen getroffenen Maßnahmen. Im Übrigen gelten die für den behördlichen Datenschutzbeauftragten anwendbaren Bestimmungen des Bundesdatenschutzgesetzes entsprechend.

(3) Die zuständige Landesrundfunkanstalt darf von ihr gespeicherte personenbezogene Daten der Beitragsschuldner an andere Landesrundfunkanstalten auch im Rahmen eines automatisierten Abrufverfahrens übermitteln, soweit dies zur rechtmäßigen Erfüllung der Aufgaben der übermittelnden oder der empfangenden Landesrundfunkanstalt beim Beitragseinzug erforderlich ist. Es ist aufzuzeichnen, an welche Stellen, wann und aus welchem Grund welche personenbezogenen Daten übermittelt worden sind.

(4) Die zuständige Landesrundfunkanstalt kann im Wege des Ersuchens für Zwecke der Beitragserhebung sowie zur Feststellung, ob eine Beitragspflicht nach diesem Staatsvertrag besteht, personenbezogene Daten bei öffentlichen und nichtöffentlichen Stellen ohne Kenntnis des Betroffenen erheben, verarbeiten oder nutzen. Voraussetzung dafür ist, dass

1. die Datenbestände dazu geeignet sind, Rückschlüsse auf die Beitragspflicht zuzulassen, insbesondere durch Abgleich mit dem Bestand der bei den Landesrundfunkanstalten gemeldeten Beitragsschuldner, und

2. sich die Daten auf Angaben beschränken, die der Anzeigepflicht nach § 8 unterliegen und kein erkennbarer Grund zu der Annahme besteht, dass der Betroffene ein schutzwürdiges Interesse an dem Ausschluss der Erhebung, Verarbeitung oder Nutzung hat.

Die Erhebung, Verarbeitung oder Nutzung bei den Meldebehörden beschränkt sich auf die in § 14 Abs. 9 Nr. 1 bis 8 genannten Daten. Daten, die Rückschlüsse auf tatsächliche oder persönliche Verhältnisse liefern könnten, dürfen nicht an die übermittelnde Stelle rückübermittelt werden. Das Verfahren der regelmäßigen Datenübermittlung durch die Meldebehörden nach den Meldegesetzen oder Meldedatenübermittlungsverordnungen der Länder bleibt unberührt. Die Daten Betroffener, für die eine Auskunftssperre gespeichert ist, dürfen nicht übermittelt werden.

(5) Die Landesrundfunkanstalt darf die in Absatz 4 und in § 4 Abs. 7, § 8 Abs. 4 und 5 und § 9 Abs. 1 genannten Daten und sonstige freiwillig übermittelte Daten nur für die Erfüllung der ihr nach diesem Staatsvertrag obliegenden Aufgaben erheben, verarbeiten oder nutzen. Die erhobenen Daten sind unverzüglich zu löschen, wenn feststeht, dass sie nicht mehr benötigt werden oder eine Beitragspflicht dem Grunde nach nicht besteht. Nicht überprüfte Daten sind spätestens nach zwölf Monaten zu löschen. Jeder Beitragsschuldner erhält eine Anmeldebestätigung mit den für die Beitragserhebung erforderlichen Daten.

§ 12 Ordnungswidrigkeiten

(1) Ordnungswidrig handelt, wer vorsätzlich oder fahrlässig

1. den Beginn der Beitragspflicht entgegen § 8 Abs. 1 und 3 nicht innerhalb eines Monats anzeigt,

2. der Anzeigepflicht nach § 14 Abs. 2 nicht nachgekommen ist oder

3. den fälligen Rundfunkbeitrag länger als sechs Monate ganz oder teilweise nicht leistet.

(2) Die Ordnungswidrigkeit kann mit einer Geldbuße geahndet werden.

(3) Die Ordnungswidrigkeit wird nur auf Antrag der Landesrundfunkanstalt ver-

folgt; sie ist vom Ausgang des Verfahrens zu benachrichtigen.

(4) Daten über Ordnungswidrigkeiten sind von der Landesrundfunkanstalt unverzüglich nach Abschluss des jeweiligen Verfahrens zu löschen.

§ 13 Revision zum Bundesverwaltungsgericht

In einem gerichtlichen Verfahren kann die Revision zum Bundesverwaltungsgericht auch darauf gestützt werden, dass das angefochtene Urteil auf der Verletzung der Bestimmungen dieses Staatsvertrages beruht.

§ 14 Übergangsbestimmungen

(1) Jeder nach den Bestimmungen des Rundfunkgebührenstaatsvertrages als privater Rundfunkteilnehmer gemeldeten natürlichen Person obliegt es, ab dem 1. Januar 2012 der zuständigen Landesrundfunkanstalt schriftlich alle Tatsachen anzuzeigen, die Grund und Höhe der Beitragspflicht nach diesem Staatsvertrag ab dem 1. Januar 2013 betreffen, soweit die Tatsachen zur Begründung oder zum Wegfall der Beitragspflicht oder zu einer Erhöhung oder Verringerung der Beitragsschuld führen.

(2) Jede nach den Bestimmungen des Rundfunkgebührenstaatsvertrags als nicht-privater Rundfunkteilnehmer gemeldete natürliche oder juristische Person ist ab dem 1. Januar 2012 auf Verlangen der zuständigen Landesrundfunkanstalt verpflichtet, ihr schriftlich alle Tatsachen anzuzeigen, die Grund und Höhe der Beitragspflicht nach diesem Staatsvertrag ab dem 1. Januar 2013 betreffen.

(3) Soweit der Beitragsschuldner den Anforderungen von Absatz 1 oder 2 nicht nachgekommen ist, wird vermutet, dass jede nach den Bestimmungen des bis zum 31. Dezember 2012 geltenden Rundfunkgebührenstaatsvertrags als

1. privater Rundfunkteilnehmer gemeldete Person nach Maßgabe von § 2 dieses Staatsvertrages oder

2. nicht privater Rundfunkteilnehmer gemeldete natürliche oder juristische Person nach Maßgabe von § 6 dieses Staatsvertrages,

unter der bei der zuständigen Landesrundfunkanstalt geführten Anschrift ab Inkrafttreten dieses Staatsvertrages Beitragsschuldner nach den Bestimmungen dieses Staatsvertrages ist. Eine Abmeldung mit Wirkung für die Zukunft bleibt hiervon unberührt.

(4) Soweit der Beitragsschuldner den Anforderungen von Absatz 1 oder 2 nicht nachgekommen ist, wird vermutet, dass sich die Höhe des ab 1. Januar 2013 zu entrichtenden Rundfunkbeitrags nach der Höhe der bis zum 31. Dezember 2012 zu entrichtenden Rundfunkgebühr bemisst; mindestens ist ein Beitrag in Höhe eines Rundfunkbeitrages zu entrichten. Soweit der Beitragsschuldner bisher aufgrund der Regelung des § 6 Abs. 1 Satz 1 Nr. 7 und 8 des Rundfunkgebührenstaatsvertrages von der Rundfunkgebührenpflicht befreit war, wird vermutet, dass er mit Inkrafttreten dieses Staatsvertrages gemäß § 4 Abs. 2 ein Drittel des Rundfunkbeitrags zu zahlen hat.

(5) Die Vermutungen nach Absatz 3 oder 4 können widerlegt werden. Auf Verlangen der Landesrundfunkanstalt sind die behaupteten Tatsachen nachzuweisen. Eine Erstattung bereits geleisteter Rundfunkbeiträge kann vom Beitragsschuldner nur bis zum 31. Dezember 2014 geltend gemacht werden.

(6) Die bei der zuständigen Landesrundfunkanstalt für den Rundfunkgebühreneinzug gespeicherten Daten und Daten nach Absatz 1 und 2 dürfen von den Landesrundfunkanstalten in dem nach diesem Staatsvertrag erforderlichen und zulässigen Umfang verarbeitet und genutzt werden. Die erteilten Lastschrift- oder Einzugsermächtigungen sowie Mandate bleiben für den Einzug der Rundfunkbeiträge bestehen.

(7) Bestandskräftige Rundfunkgebührenbefreiungsbescheide nach § 6 Abs. 1 Satz 1 Nr.

1 bis 6 und 9 bis 11 des Rundfunkgebührenstaatsvertrages gelten bis zum Ablauf ihrer Gültigkeit als Rundfunkbeitragsbefreiungen nach § 4 Abs. 1.

(8) Eine Befreiung von der Rundfunkgebührenpflicht nach § 5 Abs. 7 des Rundfunkgebührenstaatsvertrages endet zum 31. Dezember 2012. Soweit Einrichtungen nach § 5 Abs. 3 bei Inkrafttreten dieses Staatsvertrages nach Art. 7 Abs. 2 Satz 1 des 15. Rundfunkänderungsstaatsvertrages von der Rundfunkgebührenpflicht nach § 5 Abs. 7 des Rundfunkgebührenstaatsvertrages befreit waren, gilt für deren Betriebsstätten der Nachweis nach § 5 Abs. 3 Satz 3 als erbracht.

(9) Um einen einmaligen Abgleich zum Zwecke der Bestands- und Ersterfassung zu ermöglichen, übermittelt jede Meldebehörde für einen bundesweit einheitlichen Stichtag automatisiert innerhalb von längstens zwei Jahren ab dem Inkrafttreten dieses Staatsvertrages gegen Kostenerstattung einmalig in standardisierter Form die nachfolgenden Daten aller volljährigen Personen an die jeweils zuständige Landesrundfunkanstalt:

1. Familienname,
2. Vornamen unter Bezeichnung des Rufnamens,
3. frühere Namen,
4. Doktorgrad,
5. Familienstand,
6. Tag der Geburt,
7. gegenwärtige und letzte Anschrift von Haupt- und Nebenwohnungen, einschließlich aller vorhandenen Angaben zur Lage der Wohnung, und
8. Tag des Einzugs in die Wohnung.

Hat die zuständige Landesrundfunkanstalt nach dem Abgleich für eine Wohnung einen Beitragsschuldner festgestellt, hat sie die Daten der übrigen dort wohnenden Personen unverzüglich zu löschen, sobald das Beitragskonto ausgeglichen ist. Im Übrigen darf sie die Daten zur Feststellung eines Beitragsschuldners für eine Wohnung nutzen, für die bislang kein Beitragsschuldner festgestellt wurde; Satz 2 gilt entsprechend. Die Landesrundfunkanstalt darf die Daten auch zur Aktualisierung oder Ergänzung von bereits vorhandenen Teilnehmerdaten nutzen. § 11 Abs. 5 Satz 2 und 3 gilt entsprechend.

(10) Die Landesrundfunkanstalten dürfen bis zum 31. Dezember 2014 keine Adressdaten privater Personen ankaufen.

(11) Die Vorschriften des Rundfunkgebührenstaatsvertrages bleiben auf Sachverhalte anwendbar, nach denen bis zum 31. Dezember 2012 noch keine Rundfunkgebühren entrichtet oder erstattet wurden.

§ 15 Vertragsdauer, Kündigung

Dieser Staatsvertrag gilt für unbestimmte Zeit. Er kann von jedem der vertragsschließenden Länder zum Schluss des Kalenderjahres mit einer Frist von einem Jahr gekündigt werden. Die Kündigung kann erstmals zum 31. Dezember 2014 erfolgen. Wird der Staatsvertrag zu diesem Zeitpunkt nicht gekündigt, kann die Kündigung mit gleicher Frist jeweils zu einem zwei Jahre späteren Zeitpunkt erfolgen. Die Kündigung ist gegenüber dem Vorsitzenden der Ministerpräsidentenkonferenz schriftlich zu erklären. Die Kündigung eines Landes lässt das Vertragsverhältnis der übrigen Länder zueinander unberührt, jedoch kann jedes der übrigen Länder den Vertrag binnen einer Frist von drei Monaten nach Eingang der Kündigungserklärung zum gleichen Zeitpunkt kündigen."

Über den Autor

Bernd Höcker, geboren am 3.2.1953, absolvierte als erste Berufsausbildung eine handwerkliche Fotografenlehre, bevor er 1976 das Abitur an der Abendschule nachmachte. Von 1977 bis 1986 studierte er Erziehungswissenschaft, Blinden- und Sehbehindertenpädagogik, Soziologie, Politik, Geschichte und Verhaltenspsychologie. Nach dem ersten Staatsexamen folgte eine einjährige Umschulung zum EDV-Anwendungstrainer und eine über 15-jährige freiberufliche Tätigkeit als EDV-Berater und -Dozent. Während dieser Zeit gründete er auch seinen Verlag und schrieb nebenher Beiträge für's MAD, diverse Sketche für eine damals sehr bekannte RTL-Comedy-Show, Handbücher für Computersoftware sowie Fachbücher über vegetarische Ernährung. 1996 wurde ihm vom Deutschen Patentamt das Patent für eine Selektionszeitschaltanlage erteilt.

Mit „Rundfunkgebühren" beschäftigt er sich seit 1998 und eröffnete 2001 seine Internetpräsenz gez-abschaffen.de. Seine ersten Bücher zu diesem Thema waren „GEZ abschaffen!" (Erstauflage 2004) sowie „Nie wieder Rundfunkgebühren!" (Erstauflage 2005), die beide 2006 in einer zweiten überarbeiteten Auflage erschienen sind.

Von 2004 bis 2007 studierte er Sozialökonomie mit Schwerpunkt Rechtswissenschaft an der Uni-Hamburg und beendete dieses Studium mit dem Abschluss „Bachelor of Arts in Law".